ÉLÉMENTS RAISONNÉS

DE MUSIQUE

OU

Cours introductif à la Composition Musicale,

PAR

PIERRE LEBRUN.

> Le génie crée d'inspiration; le goût choisit
> ce qui est beau ; et si la science compose et
> le talent exprime, c'est moyennant des
> règles dont le fondement est dans la nature.

BRUXELLES,

TYPOGRAPHIE DE J. VERHASSELT, RUE BOTANIQUE, 4, FAUB. DE SCHAERBEÉK.

1845

AVANT-PROPOS.

Quoique l'importance de l'analyse dans toutes les sciences, soit généralement reconnue, il semble que jusqu'à présent, dans l'instruction musicale, on l'ait prise à peine en considération. Aussi rencontre-t-on plus de personnes auxquelles le mécanisme de ce bel art est devenu familier, qu'il ne s'en trouve versées dans sa science.

Lorsque des sons viennent frapper successivement ou simultanément notre ouïe, reveillent en nous tant de sentiments, nous causent de si douces sentations! combien de gens ignorent que les impressions qu'ils éprouvent, doivent leur origine à deux combinaisons d'intervalles, les gammes et les accords. Ces éléments, en rapport avec d'heureuses inspirations, sont la source de toutes les beautés musicales.

Rien de plus facile que de saisir et de percevoir l'intonation propre à la gamme et aux accords analogues de 7me et de 9me dominante, dans chacun des deux modes.

En effet, il n'existe pas dans les vibrations naturelles des corps sonores, de combinaisons plus fréquentes et plus simples. Il s'ensuit que l'élève, se familiarisant aisément avec les sons qui repondent aux intervalles de ces éléments principaux, veut aussitôt apprendre à chanter ou à jouer de petits airs qui plaisent à l'ouïe et se fixent ainsi facilement dans la mémoire.

Le maître, sous peine d'être accusé de vouloir enseigner des préceptes arides et inutiles, est obligé le plus souvent, de se prêter aux goûts de son disciple, et celui-ci, parcequ'il est parvenu à lire plus ou moins correctement quelques motifs à la mode, se figure avoir fait déjà un pas immense dans la science musicale, et ne se doute pas des principes sur lesquels se bâsent ses prétendus progrès. Il ignore et reste souvent ignorer que tout ce qu'il fait, est fondé sur deux éléments que l'on écrit chacun sous douze formes différentes, qu'il faut pouvoir distinguer et reconnaître par les notations diverses, si l'on veut, avec connaissance de cause, y appliquer l'intonation qui leur est propre. Dans ce sens, l'intonation est l'art d'appliquer les sons qui conviennent à chacun des éléments de la musique, dès qu'il a été reconnu par sa forme extérieure.

Que l'on remarque que toute mélodie ainsi que toute harmonie simple et naturelle, se réduisent à la gamme, aux accords analogues de 7me et de 9me dominante, et aux accords parfaits, dans les deux modes, accords qui, pour cette raison, se nomment fondamentaux.

En effet, toute marche successive de sons appréciables, dans toute espèce de musique, a toujours été et sera toujours conforme aux intervalles que l'on rencontre soit dans les deux gammes majeure et mineure, soit dans l'accord parfait et celui de 9me des deux modes. La nature des vibrations des corps sonores, ne donne point d'autres intervalles et n'en a jamais donné d'autres dans tous les temps. C'est donc là un principe, une découverte et non une invention humaine. Les accords de 9me majeure ou mineure dominante, réunissent ceux de 7me dominante, de 7me sensible, de 7me diminuée (7me sensible du mode mineur) et de 5te diminuée (mieux 5te sensible.) Ils comprennent ainsi l'ensemble de l'harmonie naturelle. Cela étant, reconnaissons de bonnne foi et sans critique aucune, qu'il est excessivement rare de rencontrer parmi les personnes qui s'occupent de musique, des gens qui sachent reconnaître, dans un air donné, la présence de ces gammes et de ces accords, de sorte qu'en voyant les notes, la plupart ne peuvent, par le chant, leur appliquer une intonation sûre et fondée, ou bien il leur faut un instrument qui leur indique servilement les sons.

D'autre part, comment pourrait-on, en chantant sans musique et sans l'aide d'un instrument, nommer les notes qui correspondent aux sons, ou écrire un air connu ou inventé, si dans la mélodie que l'on veut rendre, l'on n'a pu découvrir les gammes et les accords qui ont contribué à sa formation.

Aussi ne peut-on chanter à vue, sans posséder les principes de l'intonation, de même qu'on ne peut prétendre connaitre l'*odégraphie,* (mot qui parait convenir à l'art d'écrire avec connaissance de cause et sans l'aide d'aucun instrument, un air connu ou inventé), ni se donner comme harmoniste, à moins d'être initié dans les principes et les règles de la matière musicale.

Je m'estimerais heureux, si l'étude de ce livre pouvait suppléer à ce qui manque ordinairement à l'éducation musicale, de telle façon que la question se présentât enfin aux maîtres comme aux élèves, dégagée de toutes les difficultés de détail, et qu'ils puissent y trouver une marche d'enseignement simple, claire et rationnelle, ce qui m'encourage à espérer ce résultat, c'est que mon système conduit à l'analyse. Le chanteur, l'intrumentiste, celui qui fait profession de la musique, comme celui qui ne la cultive que dans un but d'agrément, y trouveront la connnaissance des éléments des sons, et cette découverte, en les initiant aux secrets trop peu connu de ce bel art, leur donnera les moyens d'étudier ce qui s'y rapporte indispensablement et cela avec plus de confiance et d'entraînement.

TABLE DES CHAPITRES.

CHAPITRE PREMIER.

Des caractères et des termes de Musique.

CHAPITRE DEUXIÈME.

Des gammes.

CHAPITRE TROISIÈME.

Des accords.

CHAPITRE PREMIER.

Des caractères et des termes de Musique.

ARTICLE PREMIER.

INTRODUCTION.

De la musique en général.

1. La musique n'est qu'un enchainement de sons qui se font entendre ou *plusieurs ensemble* ou *successivement*.

Les mots *plusieurs ensemble* se rapportent aux accords.

Le mot *successivement* se rapporte aux gammes.

Les *accords* et les *gammes* sont donc les deux seuls éléments dont se compose la musique; ils comprennent toutes les combinaisons des sons.

2. La musique se divise en *mélodie* et en *harmonie*.

La *mélodie* est une succession de sons formant un sens agréable à l'oreille, par le *rhythme* et les *modulations* qui y sont observés.

La *mélodie* appartient tout entière à l'imagination ; elle est le résultat d'une heureuse inspiration, plutôt que des calculs de la science. L'art peut embellir l'œuvre du génie, mais il est presque toujours étranger au don de créer (a).

L'*harmonie* est une succession d'accords selon les lois de la modulation (b).

3. La musique se divise encore en *théorique* et en *pratique*.

La musique *théorique* ou *spéculative* (c) est, si l'on peut parler ainsi, la connaissance générale de la matière musicale.

La théorie musicale, quant aux règles relatives à l'exécution, traite des sons, eu égard à leur durée, c'est-à-dire, à la quantité, au temps, à la mesure, et eu égard au mouvement, à la force et à l'expression.

La *théorie musicale,* quant aux règles relatives à la composition, a pour objet de faire connaître la nature d'un chant quelconque, les diverses manières dont les sons affectent l'oreille, par le mouvement, le timbre, la force et par les diverses combinaisons des intervalles, comme tout ce qui est consonnant, dissonnant, agréable ou déplaisant ; rapports qui, comprenant toutes les combinaisons possibles de la musique et des sons, semblent renfermer également toutes les causes des impressions que peuvent produire leur succession et leur ensemble sur l'oreille et sur l'âme.

La *musique pratique* comprend l'art de mettre en usage les principes de la musique théorique ou spéculative.

Si dans la pratique on s'applique seulement à la production actuelle des sons, par la voix ou par les instruments, à la partie purement mécanique ou opérative, à entonner les inter-

(a) La mélodie vocale s'appelle *chant*, et la mélodie instrumentale d'orchestre, *symphonie*.

(b) La musique militaire se nomme aussi *harmonie;* dans ce sens, ce mot est opposé à celui de *symphonie*, qui se dit de la musique théâtrale et religieuse. On nomme *fanfare* celle exécutée au moyen d'instruments de cuivre.

(c) SPÉCULATIVE. Ce mot s'emploie pour qualifier les sciences et les connaissances qui se bornent à la spéculation des vérités, et qui n'ont point la pratique pour objet. (*Dict. franç.*)

valles avec justesse, à suivre le mouvement, la mesure, à modifier la force des sons, à exprimer les sentiments qu'il faut rendre, on a cet art qu'on appelle *exécution*.

Mais si, inspiré par le génie, on s'applique à lier les sons par.leurs divers intervalles, à varier leurs combinaisons par les consonnances et les dissonnances, le tout d'une manière agréable, harmonieuse, de telle sorte que l'ensemble produise sur l'oreille et sur l'âme l'effet qu'on s'est proposé, on a cet art que l'on nomme *composition*.

Pour que cet ouvrage soit à la portée de tout le monde, j'ai cru devoir passer progressivement du connu à l'inconnu, et commencer par les choses les plus simples. Aussi ai-je consacré le premier chapitre aux principes et aux règles qui se rattachent spécialement à l'exécution.

ARTICLE II.

Du son, du ton, des notes et de la portée

4. Le *son* est produit par les vibrations d'un corps sonore.

Le *son musical* est celui que rend la voix chantante, ou tout instrument de musique.

5. Le son musical est le seul appréciable, puisqu'on peut déterminer l'intervalle qui se trouve entre deux sons différents. Tout autre son qui n'est pas appréciable se nomme *bruit*.

6. Les recherches sur le *son absolu* appartiennent au physicien. La musique n'a en vue que le *son relatif* qu'elle envisage

seulement dans ses modifications sensibles ; sous ce rapport on doit considérer dans le son trois objets principaux, savoir : le *ton*, la *force* et le *timbre*.

7. Par le *ton*, le *son* marche du grave à l'aigu, et réciproquement, en franchissant certains intervalles dont il sera parlé ailleurs. Le *ton* n'est donc qu'un *intervalle* entre deux sons. Un son pris seul n'est ni *ton* ni *demi-ton*, à moins que le son suivant ne vienne déterminer l'intervalle qui les sépare.

L'intervalle est d'*un ton*, quand deux sons se trouvent séparés par un seul autre son. L'expérience peut en être faite sur le piano : là où deux touches blanches se trouvent séparées par une noire, il y a *un ton* d'intervalle entre le son de la première touche et celui de la troisième.

L'intervalle est d'*un demi-ton*, quand deux sons se trouvent rapprochés de telle sorte qu'on ne puisse en introduire un autre entre eux. On le voit sur le piano ; en prenant deux touches voisines, on aura un *demi-ton* de la première à la seconde, parce qu'il ne se trouve pas d'autre son qui les sépare.

8. Par la *force*, le *son* marche du *fort* au *faible*, et réciproquement du *faible* au *fort*.

9. Par le *timbre*, le *son* marche de l'*aigre* au *doux*, du *sourd* à l'*éclatant*, et réciproquement.

10. Le son est *faux*, quand on n'entonne pas l'intervalle dans sa justesse.

11. La *note* est un caractère dont on se sert pour écrire les différents sons de la musique.

D'après ce qui vient d'être dit, on doit se garder de confondre les mots *son*, *ton* et *note*.

En musique, on compte sept notes qu'on nomme : UT, RÉ, MI, FA, SOL, LA, SI. Avec quelques signes qui les modifient, et dont nous parlerons ci-après, on écrit tous les différents sons de la musique.

12. On nomme *portée*, une ligne de musique composée de cinq traits parallèles qui se comptent en commençant par la

ligne inférieure, comme on peut le voir à la figure suivante :

Les notes se placent alternativement sur et entre les lignes de la portée, comme on peut le voir, même figure, lettre A.

La série de notes UT, RÉ, MI, FA, SOL, LA, SI, se place sur la portée de la manière suivante :

13. Cette série de notes peut se répéter en montant, c'est-à-dire, à l'*aigu,* ou en descendant, c'est-à-dire, au *grave,* autant que le permet l'étendue de la voix humaine ou celle des instruments.

Lorsque, dans la répétition de ces sept notes, on est obligé de dépasser la portée, soit à l'*aigu,* soit au *grave,* on se sert de petites lignes additionnelles ou de fragments de lignes; par ce moyen, on ne doit pas multiplier les lignes de la portée, et la lecture des notes devient facile, comme on le voit ci-dessous :

Comme il n'y a que sept notes en musique, la huitième doit porter le même nom que la première, n'importe de quelle note on parte; on dit alors qu'elle est à l'*octave* à l'*aigu,* si c'est en montant, ou au *grave,* si c'est en descendant.

Dans la figure précédente, on voit que la dernière note UT, est deux octaves à l'aigu du premier UT, qui lui-même est à deux octaves au grave du dernier UT.

14. Pour retenir facilement la place des notes, on doit apprendre séparément les noms de celles qui se mettent sur les li-

gnes, ensuite les noms de celles qui se placent entre deux lignes. La figure suivante indique ces deux cas :

ARTICLE III.

Des Clefs et de leur usage.

15. Une *clef* est un signe qui se met sur une des quatre premières lignes de la portée, pour indiquer le *nom* et la *place* d'une seule note qui, par induction, mène à la connaissance des autres.

La *clef* détermine aussi le degré d'élévation que doit occuper la portée dans le clavier général. On entend par *clavier général*, la somme de tous les sons appréciables dans toute l'étendue de notre système musical.

16. On compte trois espèces de clefs : la clef de FA, la clef d'UT et la clef de SOL. La figure suivante montre leur forme, ainsi que leur degré d'élévation relatif. Chaque clef porte le nom de la note qu'elle indique :

Remarquez que ces clefs sont placées cinq degrés l'une au-dessus de l'autre.

17. On peut noter tout le clavier général au moyen de la

clef de FA et de la clef de SOL, comme on le voit ci-après :

Cet exemple démontre que, si par la clef de SOL on n'avait pas une portée nouvelle pour recevoir les notes qui dépassent la portée de la clef de FA, on se trouverait embarrassé par un trop grand nombre de lignes additionnelles. C'est donc afin que les notes se trouvent, autant que possible, sur une portée, que l'on se sert des diverses clefs.

18. La *clef d'*UT se place sur les quatre premières lignes de la portée, et détermine toujours le même UT, comme on le voit à la figure suivante, dans laquelle toutes les clefs sont placées de manière à indiquer leur degré d'élévation relatif.

19. Toutes les clefs ont leur usage particulier. Dans la musique vocale, on se sert de la clef de FA ou de *basse* pour la voix la plus grave, qu'on nomme *voix de basse*. Bien des personnes confondent la *voix de basse* avec la *basse-taille,* pour laquelle on emploie aussi la clef de *fa;* mais pour distinguer ces voix, il faut avoir égard à leur étendue.

La *voix de basse* commence au FA au-dessous de la portée, et s'étend jusqu'au RÉ au-dessus, tandis que la *basse-taille,* que l'on nomme aussi *bariton,* part du SI *bémol,* sur la seconde ligne, et s'élève jusqu'au FA au-dessus de la portée, comme on le voit par la figure suivante :

20. La clef d'*ut* sur la quatrième ligne s'emploie pour la voix de *ténor*, que l'on nommait autrefois *taille*, d'où est provenu le nom de *basse-taille*, qui signifie une voix plus basse que la *taille* ou le *ténor*.

L'étendue ordinaire de la voix de ténor se trouve notée dans la figure suivante :

21. La clef d'UT sur la troisième ligne est celle de la voix nommée *alto, altus* ou *haute-contre*. Cette voix, dont le timbre est plus aigu que celui de la précédente, s'élève ordinairement jusqu'au MI au-dessus de la portée, et ne descend guère plus bas que l'UT de la clef.

22. La clef d'*ut* sur la deuxième ligne est celle employée pour la voix de femme. Cette voix se nomme *mezzo-soprano* ou *contr'alto* : elle a la même étendue que la précédente, mais une octave plus haut quant au timbre ; en voici la notation :

23. La clef d'*ut* sur la première ligne sert pour la voix nommée *second dessus* ou *soprano secundo*. L'étendue ordinaire de cette voix est indiquée à la figure suivante :

Soprano. 

24. La clef de *sol* sur la seconde ligne est celle qui s'emploie pour la voix nommée *premier dessus* ou *soprano primo*. C'est la voix la plus aiguë ; l'étendue n'en peut guère être portée plus loin qu'elle n'est notée ci-dessous :

25. L'étendue convenable à une voix ou à un instrument se nomme son *diapason*. Quand une voix sort de son *diapason* à l'aigu, ou s'efforce de monter au-delà de son étendue, on dit qu'elle chante le *fausset*. C'est ce qui s'appelait autrefois *voix de tête*.

26. Dans la musique instrumentale, on se sert de la clef de SOL pour le violon, la guitare, la flûte, la clarinette, les cors d'harmonie, les trompettes, les cors-à-clefs et les cornets-à-pistons.

La clef d'UT sur la troisième ligne et la clef de SOL s'emploient toutes deux pour le violon nommé *alto, alto-viola, viola* ou *viole*.

On fait usage de cette même clef d'UT pour la trombone-alto, pour l'ophicléide-alto : souvent on trouve aussi les parties de ces deux instruments écrites en clef de SOL.

La clef d'UT, sur la quatrième ligne, ainsi que la clef de FA, sert également au violoncelle et au basson. On emploie encore cette clef d'UT pour la trombone-ténor et pour l'ophicléide-ténor ; souvent on écrit aussi ces parties en clef de FA.

La clef de SOL et celle de FA servent également au piano, à l'orgue, à la harpe et au clavecin.

La clef de FA est employée pour les parties de contre-basse, de serpent, de buccin, de basson-russe, de trombone et d'ophicléïde, souvent aussi pour celles des cors d'harmonie, et pour le violoncelle, dont les parties plus ou moins compliquées demandent la connaissance de toutes les clefs.

27. Autrefois on se servait d'une clef de SOL sur la première ligne; mais on en a abandonné l'usage, parce qu'elle plaçait les notes aux mêmes degrés que la clef de FA sur la quatrième ligne. On se servait aussi de la clef de FA sur la troisième ligne, pour la partie de *bariton* ou *basse-taille*. On en a également délaissé l'usage, parce que ces parties peuvent, sans inconvénient, s'écrire au moyen de la clef de FA ordinaire.

ARTICLE IV.

De la durée relative des sons, du point, du double point et des silences.

28. On appelle *durée*, l'espace de temps pendant lequel il faut faire entendre le son. C'est la forme ou la figure de la note qui en détermine la *valeur*, c'est-à-dire, la durée du son que la note représente. La note indique donc deux choses différentes, un *son* et la *durée* de ce son.

Les notes sont susceptibles de huit différentes valeurs qui sont les plus usitées, et d'après lesquelles elles prennent différentes formes connues sous les dénominations suivantes : la *carrée*, la *ronde*, la *blanche*, la *noire*, la *croche*, la *double croche*, la *triple croche*, la *quadruple croche*, etc.

29. Quant à leur valeur, la carrée vaut deux rondes ; la ronde vaut deux blanches ; la blanche, deux noires ; la noire, deux croches ; la croche, deux doubles croches ; la double croche, deux triples croches ; et la triple croche, deux quadruples croches. On pourra mieux se rendre raison de la forme et de la valeur de ces notes en étudiant la figure suivante :

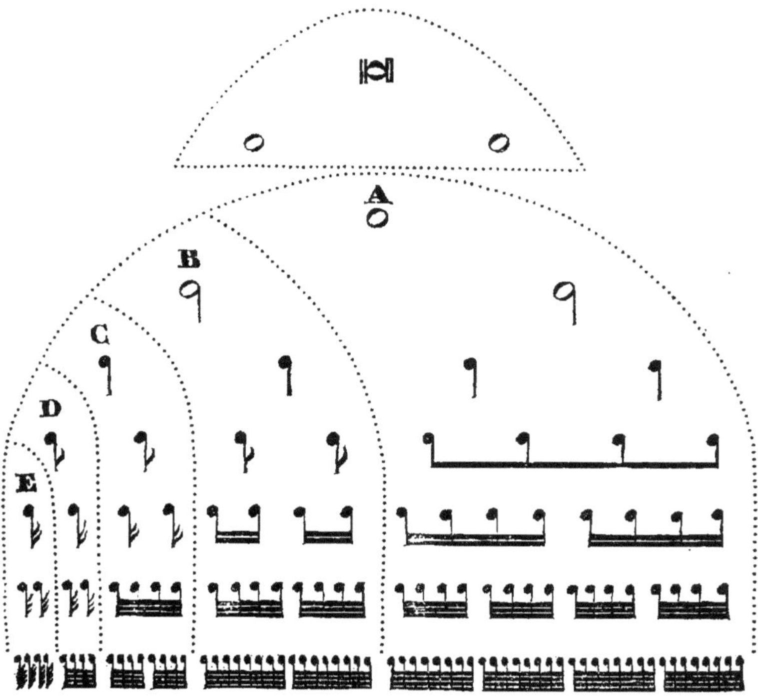

Sous la lettre **A**, on voit la ronde divisée en deux blanches.

ou en quatre noires, ou en 8 croches, ou en 16 doubles croches, ou en 32 triples croches, ou en 64 quadruples croches.

Sous la lettre B, on a la blanche divisée en deux noires, ou en 4 croches, ou en 8 doubles croches, ou en 16 triples croches, ou en 32 quadruples croches.

Sous la lettre C, la noire est divisée en deux croches, ou en 4 doubles croches, ou en 8 triples croches, ou en 16 quadruples croches.

Sous la lettre D, la croche est divisée en 2 doubles croches, ou en 4 triples croches.

Sous la lettre E, on voit la division de la double croche.

30. Les notes provenant de la division d'une autre ne peuvent durer ensemble plus long-temps que cette note. Ainsi 16 triples croches doivent se jouer pendant la durée d'une blanche : il en est de même de 8 doubles croches, de quatre simples croches, ou de deux noires.

Pour se faire une idée de la durée relative des notes, on peut s'exercer à frapper quatre coups réguliers pour la durée d'une ronde ; deux coups donneront la durée d'une blanche, et chaque coup la durée d'une noire. Et comme, pour frapper chaque noire, il faut descendre et remonter avec égalité, la noire se trouve ainsi divisée en deux croches, la première en descendant, la seconde en montant.

La durée des doubles croches s'obtient en comptant *deux* pour chaque croche; celle des triples croches, en comptant *quatre* pendant la durée de chaque croche. etc.

31. Il arrive souvent que l'on trouve un *point* placé immédiatement après une note, quelle qu'en soit la valeur. Ce *point* augmente toujours, de la *moitié* de sa valeur, la note qui le précède :

Ainsi la *ronde pointée* vaut trois blanches, au lieu de deux, ou elle vaut six noires ou douze croches; etc.

La *blanche pointée*, au lieu de valoir deux noires, en vaut trois, ou six croches ou douze doubles croches, etc.

La noire pointée, au lieu de valoir deux croches, en vaut

trois, ou six doubles croches ou douze triples croches. L'application de ce que nous venons de dire se trouve dans la
figure suivante :

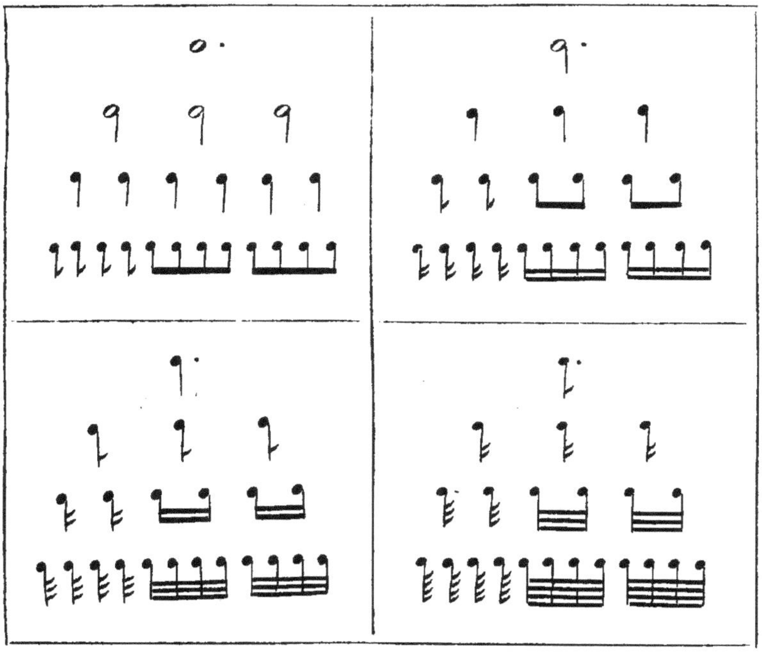

32. Quand une note est suivie de deux points, le second
point vaut la moitié du premier, et les deux ensemble
augmentent la note des trois quarts de sa valeur.

Ainsi une *ronde* à *double point* vaudra une ronde, une
blanche et une noire, ou trois blanches et une noire.

Une *blanche* à *double point* vaudra une blanche, une noire
et une croche, ou trois noires et une croche.

Une *noire* à *double point* vaudra une noire, une croche et
une double croche, ou trois croches et une double croche.

Une *croche* avec *deux points* vaudra une croche, une double
croche et une triple croche, ou trois doubles croches et une

triple croche. L'application de tout ceci se trouve dans les exemples suivants :

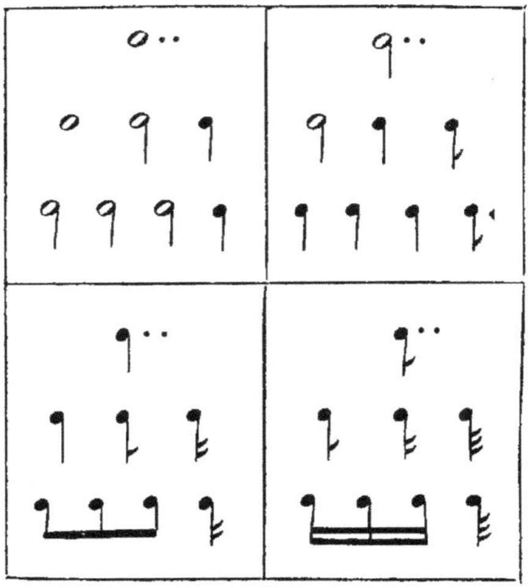

33. Il peut arriver que l'on doive faire silence pendant un espace de temps égal à celui de la durée de quelque note. On emploie alors des signes nommés *silences,* qui correspondent aux diverses valeurs des notes.

Une *barre perpendiculaire* qui vient toucher deux lignes de la portée, forme le silence de la carrée.

Une *barre horizontale* qui touche la partie inférieure d'une ligne de la portée, équivaut au silence de la ronde.

Une *barre horizontale* qui touche la partie supérieure d'une des lignes de la portée, égale le silence de la blanche.

Un 7 ayant *la tête à droite,* indique le silence d'une noire. On lui donne le nom de *soupir.*

Un 7 ayant *la tête à gauche* comme ce chiffre, marque le silence d'une croche. On le nomme *demi-soupir.*

Un 7 *à deux têtes* forme le silence d'une double croche. Il s'appelle *quart de soupir.*

Un 7 *à trois têtes* se met pour le silence d'une triple croche. On le nomme *huitième de soupir.*

Un 7 *à quatre têtes* indique le silence d'une quadruple croche; c'est le *seizième du soupir*.

Tous ces silences se trouvent indiqués dans la figure suivante avec les notes qu'ils remplacent :

34. Le *point* ou le *double point* s'ajoutent aussi aux différents *silences*, excepté à ceux de la carrée, de la ronde et de la blanche; on y supplée par leurs silences combinés.

C'est ainsi que le silence d'une carrée pointée, pourra se noter par les silences de la carrée et de la ronde ensemble.

De même, le silence de la ronde pointée se noterait par les silences de la ronde et de la blanche réunis.

Enfin, le silence de la blanche pointée pourra se marquer par les silences de la blanche et de la noire réunis.

On combinerait également les silences, s'il en fallait, pour une carrée, ou une ronde, ou une blanche à double point.

Ce n'est donc qu'à commencer du *soupir* que les silences reçoivent le *point* ou le *double point*. Les figures suivantes nous offrent ces silences mis en rapport avec les notes qu'ils remplacent :

ARTICLE V.

De la mesure, du temps, de la pause et de la demi-pause.

35. La *mesure* n'est que la division de la durée d'une phrase musicale, en plusieurs parties égales. Cette division se produit par une *cadence régulière,* qui se fait sentir dans tout morceau de musique.

Chaque mesure déterminée par la cadence exige la même *durée,* parce que les notes qu'elle contient donnent ensemble une valeur égale.

Chaque mesure se divise elle-même en d'autres parties égales, qu'on appelle *temps.* Chaque temps est d'une égale durée, parceque les notes qu'il contient donnent ensemble la même valeur.

Les mesures se séparent par des barres perpendiculaires de la hauteur de la portée. La figure suivante nous offre une phrase musicale, composée de huit mesures qui se trouvent sous les lettres B, et dont les temps sont marqués par les lettres C.

36. Il y a plusieurs sortes de mesures. Nous n'indiquerons que celles qui sont les plus usitées; mais toutes se rapportent à trois divisions principales, savoir : en deux, en trois, ou en quatre temps.

37. Il résulte de ce qui précède, qu'il n'y a que trois espèces de battements de mesure. Toute mesure en *deux temps* se bat le premier temps frappé en descendant, le second levé, comme l'indique la figure suivante :

38. La mesure en *trois temps* se bat le premier frappé en descendant, le second à droite, et le troisième levé, comme il est indiqué ci-dessous :

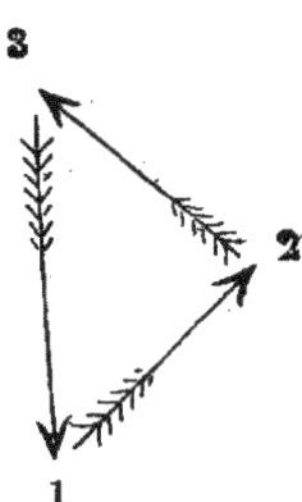

39. Toute mesure en *quatre temps* se bat le premier temps frappé en descendant, le second à gauche, le troisième de gauche à droite, et le quatrième levé, comme on le voit ci-dessous :

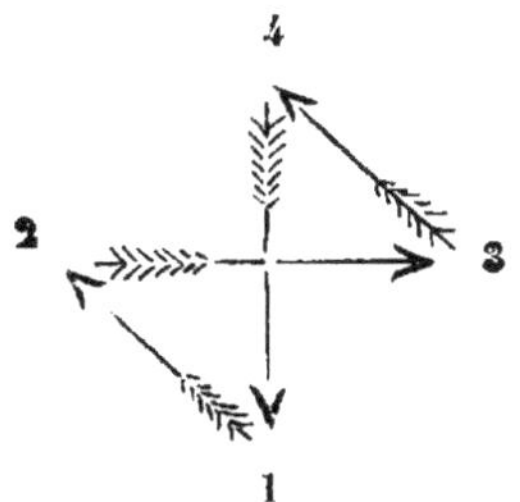

40. Pour battre la mesure régulièrement, il faut un mouvement égal pour chaque temps, c'est-à-dire, que l'un des temps ne peut être plus précipité ni plus lent que l'autre.

Le temps *frappé* s'appelle toujours le temps *fort*, le temps *levé* se nomme le temps *faible*. La première note de la mesure tombe toujours sur un *temps fort :* il en résulte que la dernière fait toujours partie d'un *temps faible*. Il en est de même dans toute mesure.

41. Les mesures les plus usitées sont :

1º Celle qui contient des notes pour la valeur d'une ronde, est considérée comme *unité*. Les autres mesures dérivent de celle-ci. On la marque par un C : alors elle doit se battre en quatre temps; chaque temps a la valeur d'une noire. Quand on la trouve marquée par un ₵, qu'on appelle C *barré*, elle se bat en deux temps, ayant chacun la valeur d'une blanche.

2º La mesure à *trois de quatre* ou de *trois quarts* est composée de trois notes, dont il faut quatre pour faire la valeur d'une ronde, c'est-à-dire, de trois noires; elle se marque pour cette raison par $\frac{3}{4}$, et se bat en trois temps.

3º La mesure à *deux de quatre* ou de *deux quarts* ne contient de notes que pour la valeur de deux noires; elle a donc deux notes, dont il faut quatre pour obtenir la valeur de la ronde; c'est pourquoi elle se marque par $\frac{2}{4}$, et se bat en deux temps.

4º La mesure à *six de huit* ou de *six huitièmes* est composée de six notes, dont il faut huit pour la valeur de la ronde, c'est-à-dire, de six croches. Elle se marque par $\frac{6}{8}$, et se bat en deux temps, trois croches, ou une noire pointée pour chaque temps. C'est ce qui la distingue de la mesure à *trois de quatre*, qui se bat en trois temps et prend une noire pour chaque temps.

5º La mesure à *trois de huit* ou de *trois huitièmes* contient trois de ces notes, dont il faut huit pour la valeur de la ronde, c'est-à-dire, trois croches ou une noire pointée. On la désigne par $\frac{3}{8}$. Elle se bat en trois temps. Quand le mouvement est accéléré, il arrive souvent qu'on ne frappe qu'un coup pour chaque mesure.

Tous ces chiffres ou caractères de mesure se placent à la clef.

Le chiffre inférieur ou le dénominateur de la fraction marque en combien de parties égales l'unité ou la ronde est censée divisée, et le chiffre supérieur ou le numérateur marque combien il faut de ces mêmes notes pour remplir chaque mesure de l'air qui est noté.

42. Toutes les mesures que nous venons de voir sont d'une valeur moindre que la ronde. Il en est d'autres dont l'usage est moins fréquent, et qui ont une valeur plus grande; dans ces cas le numérateur dépasse le dénominateur. Telles sont les mesures suivantes :

1º La mesure à *trois de un* contient des notes pour la valeur de trois rondes ; la ronde qui est l'unité, se trouve marquée alors par le chiffre 1. Ainsi cette mesure se marquera par $\frac{3}{1}$. Pour avoir une seule note de la valeur de toute cette mesure, on emploie la *carrée pointée*, qui équivaut à trois rondes. Elle se bat en trois temps.

2º La mesure à *trois de deux* contient des notes pour la valeur de trois blanches; la ronde qui est l'unité, se trouve divisée en deux et marquée au dénominateur par 2. Ainsi cette mesure se marque par $\frac{3}{2}$. Pour avoir une seule note de la valeur de toute une mesure, il faut une *ronde pointée*, qui équivaut à trois blanches. Elle se bat en trois temps.

3º La mesure à *douze de quatre* contient des notes pour la valeur de douze noires. La ronde, ou l'unité se trouve marquée au dénominateur par 4. Ainsi cette mesure s'écrira par $\frac{12}{4}$, et se battra en quatre temps dont chacun a la valeur de trois noires.

4º La mesure à *douze de huit* contient des notes pour la valeur de 12 croches. L'unité ou la ronde se trouve divisée au dénominateur en huit croches. On marque cette mesure par $\frac{12}{8}$. Pour avoir une seule note de la valeur de toute une mesure, il faut une ronde pointée, qui équivaut à deux blanches pointées. Elle se bat en quatre temps, dont chacun a la valeur de trois croches.

5° La mesure à *six de quatre* contient des notes pour la valeur d'une ronde pointée ou de deux blanches pointées. Elle contient six quarts de la ronde, et se marque par $\frac{6}{4}$. On la bat en deux temps qui ont chacun la valeur de trois noires.

6° La mesure à *neuf de quatre* contient des notes pour la valeur de trois blanches pointées, faisant ensemble neuf quarts de la ronde, marqués par $\frac{9}{4}$. On doit la battre en trois temps, chacun de la valeur de trois noires.

7° La mesure à *neuf de huit* contient des notes pour la valeur de trois noires pointées, faisant ensemble neuf huitièmes de la ronde ; on la marque par $\frac{9}{8}$. Elle se bat en trois temps, ayant chacun la valeur de trois croches. On trouve toutes ces mesures dans le tableau suivant :

C	¢	$\frac{3}{4}$	$\frac{2}{4}$	$\frac{6}{8}$	$\frac{3}{8}$

$\frac{3}{1}$	$\frac{3}{2}$	$\frac{12}{4}$	$\frac{12}{8}$	$\frac{6}{4}$	$\frac{9}{4}$

43. Dans l'article précédent nous avons traité des *silences* relatifs aux *notes ;* nous parlerons ici de ceux qui se rapportent aux *mesures*.

Quand il faut faire un silence d'une ou de plusieurs mesures, on se sert d'un caractère nommé *pause*. Il consiste en
une barre qui touche et longe la partie inférieure d'une des
lignes de la portée.

La pause vaut toujours le silence d'une mesure entière,
de quelque espèce qu'elle soit. Quant à la *demi-pause*, elle
est représentée par une barre horizontale qui touche la partie supérieure d'une des lignes de la portée. La *demi-pause*
a une valeur fixe et invariable ; elle vaut toujours une blanche ou la moitié de la mesure marquée par C. Dans toute
autre mesure qui vaut plus ou moins qu'une ronde, on ne
se sert point de la *demi-pause* pour marquer le silence d'une
demi-mesure, mais on se sert d'autres signes qui expriment
ensemble la juste valeur du silence. La figure suivante offre
l'application de ce que nous venons de dire.

44. Quand le silence doit s'observer pendant plusieurs
mesures, de quelque espèce qu'elles soient, on se sert de
bâtons ; les petits qui ne touchent qu'à deux lignes de la
portée, valent chacun le silence de deux mesures ; les grands
qui sont le double des petits, valent chacun le silence de
quatre mesures. Quand plusieurs bâtons se trouvent réunis,
pour ne pas se tromper sur le nombre des mesures, on le
marque en chiffres au-dessus de la portée. La figure suivante
en offre des exemples.

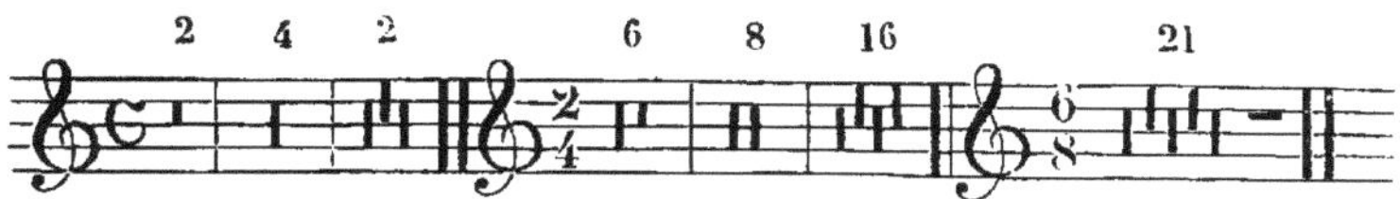

45. Un exercice essentiel pour apprendre à bien diviser la
mesure, c'est de la décomposer et de rechercher ce qui appar-

tient à chaque temps : cet exercice se nomme l'*analyse rhythmique*.

46. En décomposant ainsi la mesure, on trouve quelquefois des rapports irréguliers. Ainsi on rencontre souvent trois
notes qui ne doivent avoir la durée que de deux seulement.
On trouve aussi six notes qui n'ont que la valeur de quatre.
Ces irrégularités sont toujours marquées par les chiffres 3, 6
ou 12, et se nomment *triolets, sextelets* ou *doubles sextelets*.
La figure suivante en offre des exemples.

Quand le triolet se fait en répétant la même note, on
met, par abréviation, une note pointée, surmontée du chiffre
indiquant le triolet, comme on le voit à la lettre A. *Voyez
aussi* N° 57.

Ces irrégularités ne peuvent rien ajouter à la durée de la
mesure ou du temps, n'importe dans quelle mesure on les
rencontre. Ainsi un triolet, qui n'est que trois notes pour
deux, doit se jouer pendant la durée de deux ; un sextelet,
qui n'est que six notes pour quatre, doit s'exécuter pendant
la durée de quatre.

47. Il existe encore d'autres irrégularités, surtout dans la
musique instrumentale ; mais on les rencontre plus rarement. C'est ainsi que l'on trouve cinq notes pour quatre,
sept ou neuf pour la durée de huit. On les marque en mettant
au-dessus des notes le chiffre qui indique la nature de ces
proportions. On en voit des exemples à la figure suivante.

ARTICLE VI.

De la couronne, de la clôture, du renvoi, du dacapo.

48. La *couronne* est représentée par une espèce de ligne courbe, ayant un point dans le milieu. On en voit la forme à la figure suivante, lettre A.

La couronne reçoit divers noms, selon l'usage qu'on en fait.

1° La couronne se nomme *point d'orgue* ou *point de repos*, lorsqu'elle se trouve sur une note dans le cours d'un morceau de musique. Elle indique que cette note doit être soutenue le double de sa valeur au moins, sans avoir égard à la durée de la mesure dont elle fait partie. Voyez même figure, lettre B.

2° Elle se nomme *point final*, quand elle se trouve sur la dernière note d'un morceau de musique. Elle indique alors que cette note doit être soutenue le double de sa valeur au moins, sans égard à la durée de la mesure dont elle fait partie. Voyez même figure, lettre C.

3° La couronne se nomme *point d'arrêt*, quand, au lieu de se trouver sur une note, elle se trouve placée sur un des silences. Le point d'arrêt indique que le son de la note précédente doit finir net avec sa valeur, et que l'exécution s'arrête à ce point, sans avoir égard à la durée ni du silence, ni de la mesure. Voyez même exemple, lettre D.

49. La *clôture* est une double barre qui traverse la hauteur de la portée; elle se met à la fin d'une pièce de musique. On y ajoute quelquefois le mot *fin*, ou on la surmonte de la couronne. On en voit des exemples à la figure suivante, lettres A.

50. La *reprise* est une double barre comme la clôture; mais elle a vers le milieu deux points, ou deux petites lignes qui se trouvent placées en dehors. Si les points ou les petites lignes se trouvent de chaque côté de la reprise, on la nomme *double reprise*, et elle indique qu'il faut répéter ce qui précède et ce qui suit. Voyez-en des exemples à la lettre B. Si la reprise a ses points ou ses petites lignes du côté gauche, elle indique qu'il faut répéter la reprise qui précède; s'ils sont à droite, il faut répéter celle qui suit, comme on peut le voir, lettres C et D.

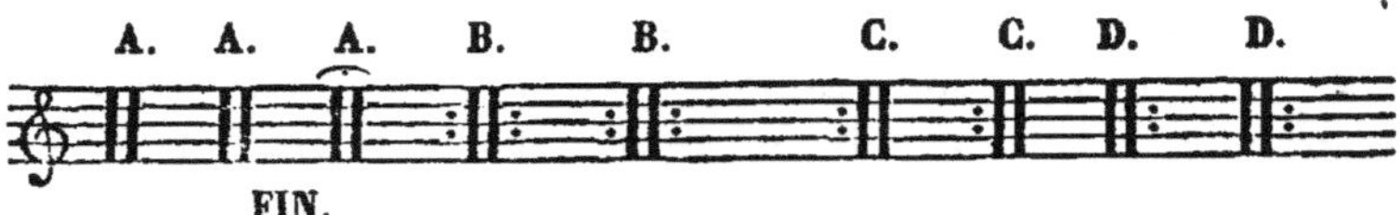

51. Le *renvoi* est un signe en forme de *croix renversée* avec un point à chaque angle, ou même tout autre signe à volonté. Il se place ordinairement au-dessus de la portée, et correspond à un autre signe semblable qui a été placé auparavant. Il indique qu'étant arrivé au second signe, il faut reprendre au premier, sans perdre la mesure, et répéter ce qui se trouve entre les deux signes semblables, avant de continuer le morceau. On en voit des exemples à la figure suivante, lettres A.

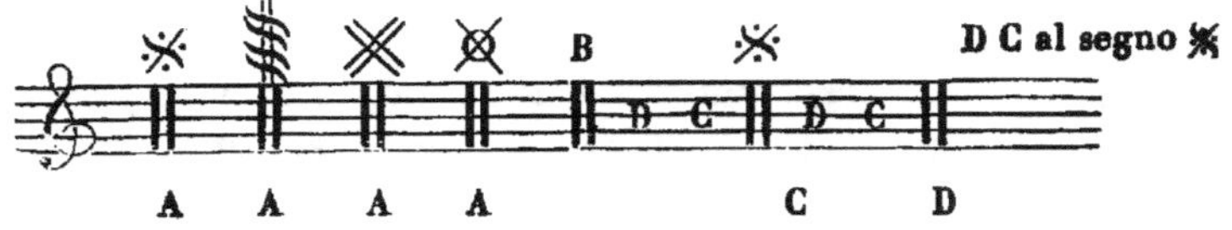

52. Le *dacapo* est un mot italien, qu'on écrit communément en abrégé par les lettres D. C. Il indique qu'il faut reprendre au commencement du morceau, et continuer jusqu'à la clôture ou au point final. Voyez à la lettre B ci-dessus. S'il faut seulement retourner à un signe qui précède, on trouve ce signe joint au dacapo. Voyez lettre C. Souvent on trouve D. C. *al segno* qui veut dire reprenez à tel signe, où l'on trouve *al segno* seulement, ce qui renvoie au signe précédent. Voyez lettre D.

ARTICLE VII.

De la liaison, du coulé, de la syncope, des abréviations.

53. La *liaison* est une ligne courbe placée au-dessus ou au-dessous de plusieurs notes *semblables* en son, elle a pour objet de faire rendre la durée de ces notes par un seul son soutenu. Ainsi deux notes semblables, dont une blanche et une noire, étant *liées,* doivent faire l'effet d'une blanche pointée. De même deux simples croches étant liées, doivent se soutenir ensemble pendant la durée d'une noire. Voyez la figure suivante, lettres A et B.

54. Le *coulé* est une ligne courbe comme la liaison ; mais elle se place au-dessus ou au-dessous de plusieurs notes *différentes.* Il indique qu'au lieu de marquer chaque note par un coup de gosier, d'archet ou de langue, on passe ces notes sous la même articulation ou sous le même coup d'archet. Voyez l'exemple suivant, lettre C.

55. Le contraire de la *liaison* et du *coulé* a lieu par le *piqué,* le *staccato,* et le *pizzicato.*

1° Le *piqué* est indiqué quand les notes sont surmontées

de petits points; ce qui signifie qu'elles doivent être marquées par des coups de langue ou d'archet, secs et détachés, en le retirant ou en le poussant à chaque note. On en voit un exemple, lettre D.

2° Le *staccato* s'obtient en détachant les notes par des coups de langue séparés, et par des coups d'archet sans le retirer et le pousser à chaque note, mais en le faisant sautiller. On peut le voir lettre E.

3° Le *pizzicato* s'obtient en faisant vibrer les notes au moyen des doigts au lieu de se servir de l'archet. Voyez lettre F.

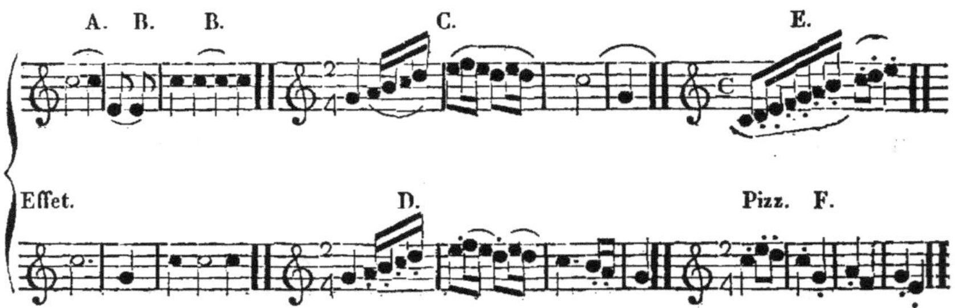

56. La *syncope* se compose ordinairement de trois notes, dont celle du milieu a la valeur de la première et de la troisième ensemble; comme une blanche au milieu de deux noires, une noire au milieu de deux croches. On peut en voir un exemple, lettre A de la figure suivante. La *syncope* est *double*, quand elle est composée de quatre notes; elle est *triple*, quand il y en a cinq. Dans ces cas, une des notes du milieu vaut autant que la première et la dernière. Voyez lettres B et C.

L'effet de la syncope est de prolonger sur un *temps fort*, un son commencé sur un *temps faible*. C'est donc une mesure à contre-temps, puisque l'ordre naturel des temps forts et des temps faibles est interverti.

57. Les *abréviations* se font au moyen de *barres*, soit simples, soit doubles, soit triples, qui représentent la division en
croches, en doubles croches, en triples croches. Ainsi une
seule barre placée au-dessous d'une ronde, ou à la queue
d'une blanche ou d'une noire, indique que ces notes doivent
être divisées en simples croches. Si l'on ajoutait à ces notes
une double ou une triple barre, on aurait la division en doubles ou en triples croches. On en voit des exemples dans la
figure suivante :

Quand plusieurs notes réunies en groupe de simples, de
doubles ou de triples croches doivent se répéter, au lieu de
noter deux ou plusieurs fois le même groupe, on en indique
la répétition par de simples, de doubles ou de triples barres
posées obliquement dans la portée, comme on le voit par la
figure ci-dessous :

Quand deux notes différentes doivent se répéter pour la
valeur d'une blanche, soit en croches, soit en doubles cro-

ches, etc., on écrit ces deux notes par des blanches que l'on réunit au moyen d'une barre ou d'une double barre : la même règle s'applique au cas où quatre notes doivent se jouer pendant la durée de deux blanches. On en voit des exemples ci-dessous.

Dans ces abréviations, il est à remarquer que les blanches, se trouvant modifiées par la division en croche ou en double croche, n'ont que la moitié de leur valeur ordinaire.

ARTICLE VIII.

Des agréments.

58. Les agréments sont les interjections de la musique ; ils servent à amener les intonations, à lier les sons, en remplissant les intervalles qui les séparent, et à donner ainsi plus de variété, d'effet et d'expression aux compositions. Les principaux agréments sont : la *roulade,* le *trille,* le *mordant,* le *groupe,* l'*appogiature.*

La *roulade,* dans le chant, est un passage de plusieurs notes sur une même syllabe. Les notes de la roulade ne sont presque jamais comprises dans la valeur de la mesure : aussi l'exécute-t-on à volonté.

L'exécution de la roulade est difficile; mais aussi est-elle le plus brillant des agréments. En la chantant, aucune partie de la bouche ne doit se remuer; les sons doivent être liés et martelés par le gosier.

L'exercice des roulades doit se faire lentement, afin de chanter juste. Elles ne se font d'ordinaire que sur les voyelles *a* et *é*. L'*i* et l'*u* donnent particulièrement à la voix une qualité défectueuse.

La roulade s'emploie non-seulement dans le chant gai, mais aussi dans le chant *triste* et *pathétique*. En effet, quand le cœur est ému, la voix trouve plus aisément des accents que l'esprit ne trouve des paroles. La figure suivante nous offre des exemples de la roulade.

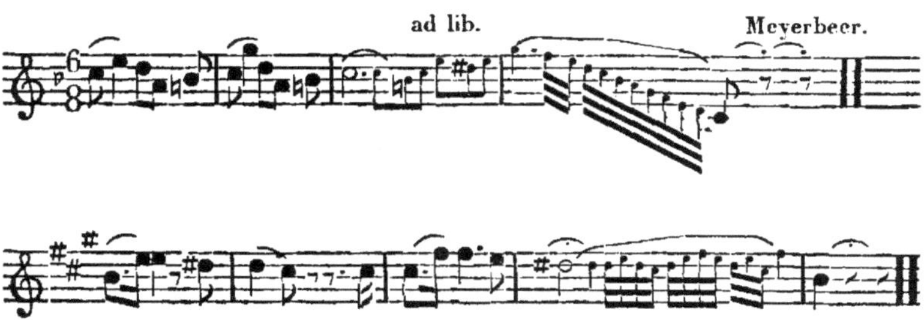

59. Le *trille* consiste dans le battement alternatif de la note sur laquelle il est placé, avec une autre note d'un degré au-dessus.

Le trille, comme la roulade, doit être articulé du gosier par un mouvement oscillatoire, sans remuer ni la langue, ni la bouche. Il se marque en abrégé par les lettres *tr.*, écrites sur la note qui doit être trillée. Il ne doit être fait ni trop lentement ni trop vite; il est sans effet dans le premier cas, et défectueux dans le second. On en trouve un exemple à la lettre A de la figure suivante.

Le *mordant* n'est autre chose qu'un *trille* qui ne s'achève pas; il se marque aussi par *tr*. ou par une espèce de petit *zig-zag*. Un exemple s'en trouve à la lettre **B**.

60. Le *groupe*, *groupetto* est un agrément du chant, composé de trois petites notes, dont la valeur n'est point comprise dans celle de la mesure, mais qui prennent leur durée sur la note qui les précède au lever de la mesure, c'est-à-dire, sur le tems faible. Cet agrément peut se faire en montant, ainsi qu'en descendant.

Son exécution demande une articulation légère en attaquant la première note avec un peu plus de force et de durée que les autres. On en voit des exemples à la lettre A de la figure suivante.

Il y a une autre espèce de groupe que l'on n'articule qu'après la note qui en est affectée, et qui se marque par une *S* renversée. On en trouve des exemples à la lettre **B**.

61. L'*appogiature* (en italien *appogiatura*), qui signifie un appui, n'est qu'une petite note sur laquelle on appuie avant d'attaquer la note principale de certains traits. Cette petite note ne peut être appliquée d'ordinaire qu'à un degré au-dessus ou au-dessous de la grande qui la suit. On en trouve cependant à une distance de plusieurs degrés.

La valeur de la note formant l'appogiature est prise sur celle à laquelle elle est appliquée, c'est-à-dire, sur celle qui suit. Puisque l'appogiature est un appui pour arriver à la note suivante, il faut la lier à cette note. La figure suivante en donne des exemples :

On voit que rigoureusement l'appogiature n'a aucune valeur fixe ; on lui donne tantôt la valeur de la moitié, tantôt d'un quart, ou d'un huitième ; le goût y est pour beaucoup.

62. Les *broderies*, ou *doubles*, ou *fleurtis*, sont des notes de goût que le musicien ajoute à sa partie pour varier un chant souvent répété, et pour orner des passages trop simples. Rien ne montre mieux le bon et le mauvais goût que le choix et l'usage qu'on fait de ces ornements. On en voit des exemples dans la figure suivante :

ARTICLE IX.

Des termes de mouvement, de force et d'expression.

Pour obtenir une bonne exécution, il ne suffit pas d'observer la mesure et de rendre le son indiqué par chaque note, il faut encore, dans le mouvement, avoir égard à ses modifications; dans la force du jeu, observer ses nuances et enfin rendre la musique avec l'expression qui convient au caractère du morceau.

D'après ce qui précède nous allons traiter séparément, dans cet article, des termes de mouvement, de force et d'expression.

63. Le *mouvement* est le degré de vitesse ou de lenteur que donne à la mesure le caractère dumorceau qu'on exécute.

Il y a cinq mouvements principaux qui, dans l'ordre du lent au vite, s'expriment par les mots italiens suivants :

1° *Largo* ou *lento*. C'est le mouvement le plus lent : il signifie en français *lentement;* on le rend en allemand par *langsam*.

2° *Adagio* est aussi un mouvement lent, mais moins lent que le *larghetto;* il tient le milieu entre ce mouvement et l'*andantino*.

3° *Andante* signifie aller avec modération; c'est le mouvement intermédiaire entre l'*andantino* et l'*allegretto*.

4° *Allegro*, qui signifie *gaiement*, est le mouvement intermédiaire entre l'*allegretto* et le *presto*.

5° *Presto*. Il se rend en français par *avec vitesse*, et en allemand par *geschwind*. C'est un mouvement intermédiaire entre l'*allegro* et le *prestissimo*.

Ces cinq mouvements principaux se modifient par leurs diminutifs qui sont : *larghetto, poco adagio, andantino,* et par l'augmentatif *prestissimo*.

Le *larghetto* annonce un mouvement moins lent que le *largo*, et plus lent que l'*adagio*.

Le *poco adagio* annonce un mouvement un peu plus accéléré que l'*adagio,* mais plus lent que l'*andantino*.

L'*andantino* est un mouvement intermédiaire entre l'*adagio* et l'*andante*.

L'*allegretto* marque une vitesse intermédiaire entre l'*andante* et l'*allegro*.

Le *prestissimo* désigne un mouvement rapide, accéléré. C'est le plus pressé de tous les mouvements. Souvent, quand le morceau est long, on augmente un peu la vitesse pour sauver la monotonie.

Ces mouvements sont encore souvent modifiés par les mots *poco*, *un poco*, *non troppo*. C'est pourquoi l'on se sert de *un poco adagio*, qui signifie *un peu lentement, un peu à l'aise, posément;*

Un poco allegro, un peu gaiement. Non troppo signifie *pas trop*.

Ainsi l'on emploie *non troppo adagio, pas trop lent; non troppo allegro, pas trop gaiement*. On se sert encore du mot *assai*, qui veut dire *assez, beaucoup*. Ainsi *allegro assai* signifie *bien vite; largo assai, bien lentement*.

Tous ces mouvements et leurs diverses modifications peuvent être déterminés par le *métronome*, instrument dont se servent aujourd'hui les compositeurs pour indiquer le degré de vitesse ou de lenteur de leurs compositions.

64. L'opinion des auteurs varie sur la signification du mot *andantino*, et même sur celle du mot *assai*. Toutefois je pense que le principe à cet égard est celui-ci : Il faut reconnaître qu'il y a deux espèces de mouvements, le *lent* et l'*accéléré*. Cela posé, le terme diminutif doit agir d'après la nature du du mouvement, et toujours en moins, puisque c'est un diminutif. Ainsi, le *larghetto* sera un mouvement *moins lent* que le *largo;* l'*allegretto* sera un mouvement moins précipité que l'*allegro*. Pour résoudre la question relativement au mot *andantino*, il faut commencer par savoir si l'*andante* appartient par sa nature aux mouvements lents. Dans ce cas, l'*andantino*, comme diminutif, doit être moins lent que l'*andante*.

Le contraire doit avoir lieu si l'*andante* appartient par sa nature aux mouvements accélérés. Quant au mot *assai*, ce n'est pas un diminutif, mais bien un *augmentatif;* donc, d'après la nature du mouvement, il doit augmenter la vitesse ou la lenteur.

On attache souvent au mot *largo* l'idée d'une certaine expression : on dit qu'il annonce une exécution qui convient à ce qui est religieux et plein d'un saint respect ; que l'*adagio* convient à ce qui est tendre et d'une tristesse passionnée. Ne serait-ce pas avoir égard plutôt à l'effet de ces mouvements qu'à leur véritable signification ?

65. Les termes de mouvement qui viennent d'être expliqués, se placent au commencement du morceau, et indiquent la lenteur ou la vitesse du morceau en général ; mais, il peut arriver que le mouvement doive y être modifié pendant une ou plusieurs mesures, alors on rencontre les termes suivants :

Le *rallentendo,* qui indique qu'il faut ralentir graduellement. C'est ce qui arrive souvent en reprenant le premier motif, ou quelque passage gracieux. On l'écrit en abrégé par *rall.*

L'*accelerando,* qui marque que le mouvement doit être graduellement accéléré. Ceci a lieu dans les passages qui doivent inspirer de l'animosité. En abrégé on écrit *acceler.*

Le *commodo,* qui veut qu'on ôte la vivacité qui appartient au morceau. Il indique moins une expression qu'une certaine aisance, ou une certaine liberté dans l'exécution. En abrégé on écrit *comm.*

L'*ad libitum,* qui laisse à l'exécutant la liberté d'abandonner le passage ou la roulade, s'il les trouve difficiles, ou d'y substituer un passage ou une roulade dans le même ton. Cependant on lui donne souvent la signification du *commodo* ou du terme *a piacere* (expliqué ci-après) ; mais c'est à tort, soit que le compositeur emploie mal ce terme, soit que l'exécutant l'interprète mal.

Le *a piacere,* en français *selon votre bon plaisir,* indique que l'on peut presser ou retarder la mesure du passage auquel il est joint. On l'écrit en abrégé par *a piac.*

Le *a tempo* ou *a battuta,* en français *en mesure* ou *mesuré,* se place après le *commodo* ou le *ad libitum* ou le *a piacere.* Il indique qu'on ne peut plus mesurer à son gré, mais qu'il faut reprendre le mouvement régulier du morceau.

66. La *force* des sons, que l'on peut rendre plus ou moins intense. produit aussi une grande source de variétés : ses

modifications sont indiquées par les termes dont il est parlé ci-dessous. Leur classification offre une gradation du plus fort au plus faible. Ces termes ne s'emploient que pour certains passages, et n'agissent jamais sur le morceau en général, comme les termes de mouvement dont nous avons parlé en premier lieu; car un morceau de musique joué entièrement avec la même force serait sans expression et d'une monotonie insupportable.

Le *fortissimo* demande un jeu très-fort, en portant à son dernier période l'éclat des voix et des instruments. On le manque par FF ou FFF. En forçant, on s'expose souvent à hausser le son, surtout dans les instruments à vent : on doit donc s'exercer à bien conserver la justesse des tons.

Le *forte* marque qu'il faut donner toute la voix ou tout le son de l'instrument, sans cependant arriver à son dernier éclat : Il se marque par F.

Le *mezzo forte*, *à demi-fort*, ou pour le chant le *mezza voce* ou *sotto voce* que l'on traduit par *à demi-fort, à demi-voix*, dénote une force intermédiaire entre le *forte* et le *dolce* ou le *piano*. Ces termes se confondent souvent. Cependant *sotto voce*, qui signifie *sous la voix*, a d'abord indiqué que les instruments d'accompagnement devaient adoucir leurs sons de manière à laisser toujours dominer ceux de la voix ou du chant principal. On écrit le *mezzo forte* par MF.

Le *piano* est l'opposé du *forte*. Il indique une exécution faible qui s'obtient en ménageant les sons. On l'écrit par P.

Le *pianissimo* signifie le plus grand ménagement dans la force des sons. Sur les instruments à vent, on s'expose souvent au défaut de justesse; il faut s'y exercer comme pour le *fortissimo*. On l'écrit par PP.

Le *diminuendo* marque qu'il faut passer du *forte* au *piano*, ou du *piano* au *pianissimo*, en adoucissant les sons insensiblement. On l'écrit par *dim*.

Le *crescendo, en croissant, en augmentant*, est l'opposé du *diminuendo*. Il consiste à prendre les sons avec peu de force et à les conduire insensiblement jusqu'au fort, et quelquefois même à l'éclatant. On l'écrit par *cres*.

On se sert des deux termes ci-dessus pour des périodes entières; mais quand il s'agit d'un petit groupe de notes, on a les termes suivants :

Le *sforzando, en enflant,* qui se marque par son abrégé, *sforz.* ou *sf.,* ou par ce petit signe ⟨.

Le *rinforzando, en renforçant, enflant,* qui ne s'emploie également que pour de petits groupes, et même pour une seule note. On le marque par son abrégé *rinf.,* ou par le même signe que celui de *sforzando* ⟨. La différence qui existe entre ce terme et le précédent, c'est que le *rinforzando* demande presque toujours un *diminuendo* progressif, semblable, quant à sa progression, au *rinforzando* même. Dans ce cas, on se sert des deux signes réunis ⟨⟩.

Les termes *calendo, mancando, morendo, smorzando, perdendosi, en éteignant, en mourant, en étouffant, en se perdant,* dont la signification est à-peu-près la même, indiquent que l'on doit laisser le son s'évaporer au point de finir par n'être presque plus entendu.

67. Des diverses modifications du mouvement et de la force des sons résulte déjà, en musique, une source de variétés et de beautés admirables. Mais, pour parvenir à une exécution parfaite, il faut que le musicien soit averti et se pénètre des sentiments qu'il doit rendre, et des passions qu'il doit exprimer. A cet effet, on se sert des termes suivants :

Le *grave,* en français *gravement,* marque une certaine gravité imposante qui s'obtient par une exécution lente, marquée et sévère. Ce terme se trouve souvent seul, d'autres fois joint au *largo,* à l'*adagio,* ou à d'autres mouvements lents.

Le *sustenuto, d'une manière soutenue,* demande une exécution solide et décidée, qui s'obtient en soutenant les sons pendant toute la durée de la note. Il s'ajoute aux mouvements lents.

L'*affettuoso,* (affectueux) *affectueusement,* indique une expression très-douce et très-mélancolique; on l'obtient en soutenant les sons, et en leur donnant alternativement plus ou moins de force.

Le *maestoso*, (majestueux) *majestueusement*, demande une exécution ayant un certain caractère de grandeur et de noblesse. On le trouve quelquefois seul, quelquefois joint aux mouvements accélérés, aussi bien qu'aux mouvements lents.

L'*amoroso*, en français (tendre) *tendrement*, veut une expression tendre et touchante. On l'obtient par une exécution lente et douce, en filant gracieusement les sons. Il se joint aux mouvements lents.

Le *grazioso*, (gracieux) *gracieusement*, montre que l'exécution doit être légère, élégante, et sans précipitation. C'est assez dire qu'il se joint à des mouvements d'une lenteur et d'une vitesse modérées.

Le *cantabile*, *propre à chanter*, à *faire briller la voix*, indique une exécution parée de tous les ornements du chant. Pour l'obtenir, il faut posséder parfaitement l'art de couler les sons en y mettant beaucoup de moëlleux, et en exécutant tous les agréments du chant avec noblesse et expression. On le trouve souvent seul ou joint aux mouvements lents.

L'*expressivo* ou *con expressione*, *avec expression*, indique qu'on doit chercher particulièrement à bien saisir et à bien rendre les sentiments qui ont inspiré le compositeur. Il se trouve seul ou joint à divers mouvements lents.

L'*agitato*, (agité) *avec agitation*, demande une exécution vague, portant un sentiment de trouble et d'agitation. On ne saurait l'obtenir sans vitesse.

Le *con anima*, *avec âme*, caractérise une exécution qui demande toute l'expression possible. Pour l'obtenir, on n'est pas toujours tenu à l'observation scrupuleuse de la mesure, si, par ce sacrifice, on peut produire plus d'effet. On le trouve seul ou joint à certains mouvements lents.

Le *con moto*, *avec empressement*, indique une exécution assurée et précipitée. On l'obtient en excitant la vitesse du mouvement, en attaquant avec assurance et d'une manière accentuée. Il se trouve joint aux mouvements accélérés.

Le *con brio* ou *brioso, avec éclat,* désigne une exécution éclatante, remplie de force et de vivacité. On ne saurait l'obtenir sans vitesse.

Le *vivace, vivement,* veut dire un jeu gai, prompt, animé, hardi et plein de feu. Il se joint aux mouvements accélérés.

Le *dolce* (doux) *avec douceur,* n'indique pas l'opposé du *forte* mais une manière d'exécuter douce, moëlleuse, expressive, gracieuse et carressante, qui n'exclut pas une certaine vigueur dans le son, sans le porter néanmoins au-delà du *mezzo forte*.

CHAPITRE SECOND.

Des Gammes.

ARTICLE PREMIER.

INTRODUCTION.

68. Dans le chapitre premier, nous avons traité des caractères et des termes de musique ; les principes et les règles qui y ont été avancés se rapportent plus spécialement à l'exécution. Mais il nous reste à voir encore une autre partie de la théorie musicale, celle qui traite *des rapports des sons* ou des *intervalles*.

L'étude des intervalles mène à la connaissance de deux choses seulement, les *gammes* et les *accords*. En effet, d'après la définition donnée N° 1, la musique, quant aux intervalles, ne comprend que deux éléments, les *gammes* et les *accords*. La vérité de ce principe se conçoit aisément : prenons, par exemple, un chant ou un air quelconque, il est évident que les notes se succèdent, soit *sans intermédiaires*, c'est-à-dire, par *degrés conjoints*, soit *avec des intermédiaires*, c'est-à-dire, par *degrés disjoints*. Il est physiquement impossible qu'il y ait d'autre succession de notes. Car toute succession de notes montantes ou descendantes par *degrés conjoints*, est *gamme* ou *partie de gamme;* toute succession de notes montantes ou descendantes par *degrés disjoints*, est *accord* ou *partie d'accord*. Il n'y a donc jamais que *gammes* et *accords*.

D'après ce qui précède, on pourrait définir un chant quelconque, comme étant une succession de notes *mesurées*, *montantes* ou *descendantes* par degrés, soit *conjoints*, soit *disjoints*.

69. Qu'on apprenne aux élèves à connaître et à exprimer les gammes et les accords, à savoir les distinguer là où ils se trouvent, soit en entier, soit en partie, alors ils sauront rapporter toute musique aux deux éléments connus, ils sauront l'analyser, et aussi trouver avec facilité et certitude le son propre à chaque note, relativement à un son donné. Toute autre méthode où l'on fait exécuter avant de connaître ce qu'on exécute, commence par où elle devrait finir, et est plus propre à former des routiniers que des musiciens. Je ne dis pas qu'il faille attacher les élèves à la théorie seulement, mais il faut que la théorie précède, au moins insensiblement, les progrès de la pratique.

Revenons aux deux éléments de la musique.

Quant aux gammes, il n'y en a que de deux espèces, savoir : la *gamme majeure* et la *gamme mineure*.

Chacune de ces deux gammes a *une expression, un chant* qui lui est propre; et, quoique toutes deux se reproduisent sous douzes formes différentes, elles le gardent toujours n'importe sous quelle forme elles se présentent.

Les douze différentes formes de la *gamme majeure* s'expriment de même, parce que toutes ont un même ordre d'intervalles ; mais elles diffèrent entr'elles par *l'aigu* ou *le grave*, selon leur position sur la portée.

Il en est de même des douze *gammes mineures*, savoir en chanter une, c'est savoir les chanter toutes, parce que toutes sont formées des mêmes intervalles ; mais elles diffèrent aussi entr'elles par l'aigu ou le grave, selon leur position sur la portée.

On possède déjà un des éléments de la musique, quand on connait le chant propre aux gammes majeure et mineure, que l'on doit savoir reconnaître là où elles se rencontrent, soit en entier soit en partie.

70. Quant aux accords, nous en traiterons dans le troisième chapitre.

Nous y établirons les règles propres à les reconnaître, soit dans leur position ou face directe, soit dans leurs divers renversements; nous y ferons voir leur transition naturelle et leurs mutations. C'est sous ce rapport que cet ouvrage pourra servir d'étude préparatoire à la composition.

Nous ne parlerons que des dix principaux accords, qui sont l'*accord parfait majeur,* l'*accord parfait mineur,* l'*accord de septième dominante,* de *septième sensible,* de *7*^{me} *mineure,* de *7*^{me} *majeure,* de *7*^{me} *diminuée,* l'*accord de quinte diminuée,* de *quinte augmentée,* et enfin *de sixte augmentée.*

De même que les gammes, chacun de ces accords a une expression ou un chant qui lui est propre, et quoique ces diverses espèces d'accords se reproduisent chacune sous douze formes différentes, chaque espèce conserve toujours les mêmes intervalles.

On connait donc le second élément de la musique quand on sait le chant propre à chacun de ces accords, et l'on sait les reconnaître quand ils se présentent en entier ou en partie.

En résumé, la connaissance des gammes et des accords, celle des intervalles qui les composent, les rapports que les gammes et les accords ont entr'eux, font l'objet du reste de cet ouvrage. Leurs différentes combinaisons tiennent plutôt à l'étude de la composition.

ARTICLE II.

De l'étendue, de l'intervalle et de la gamme naturelle.

71. *L'étendue* est la distance qu'il y a entre deux sons, quand on la considère comme divisée en intervalles.

L'intervalle est la distance ou la différence d'un son à un autre entre le grave et l'aigu ; c'est tout l'espace que l'un des deux aurait à parcourir pour arriver à l'unisson de l'autre.

La différence qu'il y a entre *l'intervalle* et *l'étendue*, c'est que l'intervalle est considéré comme non divisé, et que l'on n'envisage que les deux termes ; tandis que l'étendue est considérée comme divisée par des sons intermédiaires. Pour en donner un exemple, nous dirons que d'UT à SOL il y a une étendue de quatre intervalles : le premier d'UT à RÉ, le second de RÉ à MI, le troisième de MI à FA, et le quatrième de FA à SOL. Nous dirons aussi que l'intervalle d'UT à SOL est de cinq degrés ou d'une *quinte*.

72. Les sept notes dont nous avons parlé, N° 11, représentent chacune un son différent ; mais parce qu'il n'y a que sept notes, on n'en doit pas conclure que les sons en musique se bornent à ce nombre, car ils s'élèvent à douze, comme nous le ferons voir.

Qu'on se rappelle ce que nous avons dit, au N° 7, du *ton* et du *demi-ton*. Cela étant connu, posons les notes dans leur ordre naturel, comme on le voit à la figure suivante :

On trouvera qu'il y a intervalle d'*un ton* d'UT à RÉ, de RÉ à MI, de FA à SOL, de SOL à LA et de LA à SI, et que l'intervalle de MI à FA, comme de SI à UT est d'*un demi-ton*. Dans chaque intervalle d'*un ton*, il se trouve encore un son intermédiaire, qui se trouve marqué à la figure ci-dessus par un petit carré ; il n'y a pas de son intermédiaire de MI à FA, ni de SI à UT, parce que MI et SI (les deux seules notes dont le nom se termine en I) sont des *demi-tons*. Les cinq intervalles d'*un ton*, divisés en *demi-tons* par les sons intermédiaires, forment dix *demi-tons*, qui, joints aux deux *demi-tons* qui se trouvent de MI à FA et de SI à UT, forment ensemble 12 *demi-tons* ou douze sons différents, que l'on voit numérotés à la figure ci-dessus.

En résumé, les intervalles que les notes, dans leur position naturelle, peuvent donner, sont de cinq tons et de deux demi-tons, ou de douze demi-tons, ce qui forme pour toute la musique 12 sons différents. Nous ne donnerons pas ici la raison de cet ordre d'intervalles, parce que c'est un principe que nous développerons plus avant.

Sur le clavier on se rend mieux compte de l'existence de ces douze demi-tons ; car, comme on le voit à la figure suivante, qui représente une octave, on trouve une touche noire entre UT et RÉ, on en trouve une aussi entre RÉ et MI, ainsi qu'entre FA et SOL, SOL et LA, et LA et SI, tandis qu'il ne s'en trouve pas entre MI et FA, ni entre SI et UT.

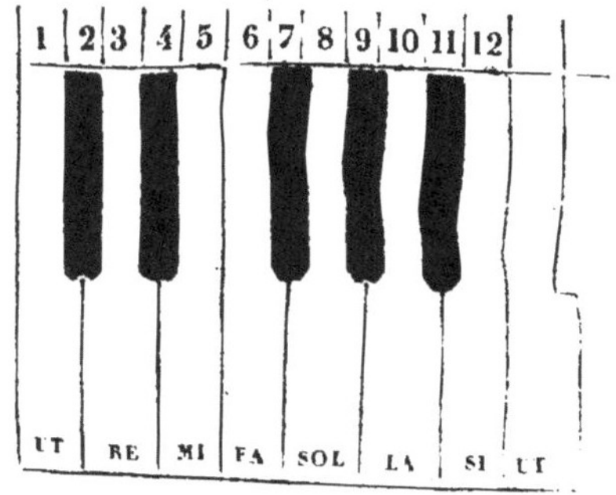

73. Ne nous occupons plus, pour le moment, des douze demi-tons, mais bien des intervalles donnés par les sept notes naturelles. Chaque note a son intervalle déterminé par la note suivante, comme on le voit à la figure ci-dessous :

Ut est *ton*, parce qu'il existe *un ton* entre ut et ré; ré est *ton*, parce qu'il existe un intervalle d'*un ton* entre ré et mi. Par la même raison, fa, sol, la sont des *tons*.

Mi est un *demi-ton*, parce qu'il n'existe qu'un *demi-ton* de mi à fa.

Après la note si, on a été obligé de répéter l'ut à l'octave afin de déterminer l'intervalle du si. Donc, au moyen de cet ut, si est *demi-ton*. Lorsqu'on a voulu déterminer l'intervalle de toutes les notes, on n'a pu s'arrêter au si; car une note prise seule ne représente qu'un *son*, et n'est ni *ton* ni *demi-ton*. Pour déterminer l'intervalle du si, il a donc fallu le faire suivre de sa conjointe.

En divisant cette série de notes en deux *sections* égales, on remarque que chacune est composée des mêmes intervalles. En effet, on trouve dans la 1re section d'ut à ré, un *ton;* de ré à mi, un *ton;* de mi à fa, un *demi-ton*.

On trouve de même dans la seconde section de sol à la, un *ton;* de la à si, un ton; de si à ut, un *demi-ton*. Ces deux sections semblables en intervalles se trouvent notées à la figure suivante :

Quant au ton de FA à SOL, il sépare les deux sections. Ce ton n'appartient ni à l'une ni à l'autre des deux, il ne fait que les disjoindre; sans lui, il n'y aurait pas deux sections distinctes.

La figure suivante nous offre la suite des notes naturelles établies en deux sections uniformes.

74. Une telle séparation de note se nomme *gamme majeure*.

Une gamme majeure est donc *une progression de huit notes montantes ou descendantes par degrés conjoints, divisible en deux sections uniformes, de deux tons et demi chacune, et les deux sections séparées par l'intervalle d'un ton.*

Toute gamme majeure, pour être bonne, doit essentiellement remplir toutes les conditions ci-dessus énoncées.

Toute gamme faite sur ce modèle, se nomme *majeure,* parce que de la première à la troisième, comme de la quatrième à la sixième note, il y a *tierce-majeure* ou intervalle de *deux tons,* tandis que, dans la gamme mineure, ces mêmes tierces ne donnent qu'un intervalle d'*un ton et demi.* Dans la gamme majeure, ces deux tierces sont donc plus grandes, et dans la gamme mineure, elles sont plus petites, comme on peut le voir à la figure du N° 123.

75. Les avantages qui résultent de la division de la gamme en deux sections semblables, sont de la réduire à sa plus simple expression, et de présenter une marche facile et rationnelle, pour la formation de toutes les autres gammes, comme nous allons le voir ci-après.

76. Les Grecs avaient les mêmes intervalles que nous; ils procédaient par *tétracordes,* c'est-à-dire, par *quatre cordes* ou *quatre sons.* Chaque *tétracorde* contenait deux

tons et demi, comme une de nos sections, mais leurs deux tétracordes étaient *conjoints*, c'est-à-dire, que la dernière corde du premier servait toujours de première au second tétracorde. C'est ce que nous obtenons en commençant par SOL jusqu'au FA, comme on le voit à la figure suivante :

La première *corde* ou le premier *son* était marqué par un G qui, en grec, se nomme *gamma*, d'où est provenu le nom de *gamme*. La lettre G marque encore aujourd'hui la note SOL. En disjoignant ces deux tétracordes, c'est-à-dire, en commençant par le second et finissant par le premier, on obtient précisément notre *gamme naturelle*, qui est formée de deux tétracordes disjoints ou séparés par un intervalle d'un ton qui se trouve de FA à SOL.

La progression diatonique des Grecs n'est pas une pure invention, mais bien une découverte, puisque ce principe existe dans la nature.

En effet, si l'on recherche les *sons harmoniques* sur une corde tendue, à commencer du quart de la corde en remontant vers le sillet, on trouvera en sons harmoniques de divers octaves les notes, SOL, LA, SI, UT, RÉ, MI, FA, qui forment les deux tétracordes conjoints des Grecs.

ARTICLE III.

D'autres gammes majeures et des dièses.

77. Pour la formation d'autres gammes, souvenons-nous toujours du principe, que *toute gamme majeure doit contenir deux sections de deux tons et demi chacune, lesquelles doivent être séparées par l'intervalle d'un ton.*

On peut former une gamme en commençant n'importe par quelle note, pourvu qu'on observe les intervalles requis.

78. Mais le moyen le plus simple d'en construire d'autres, c'est d'introduire dans la nouvelle gamme une des sections de la gamme précédente. Or, ceci peut se faire de deux manières, savoir : prendre la *seconde section* pour servir de *première* à la gamme à établir; ou prendre la *première section* pour servir de *seconde.* On peut consulter à cet égard la figure suivante :

On voit dans cet exemple que la première section de la gamme en UT, qui est UT, RÉ, MI, FA, sert de deuxième pour la gamme en FA, et que la seconde section de la gamme en UT, qui est SOL, LA, SI, UT, sert de première pour la gamme en SOL. Les notes carrées de la figure ci-dessus, offrent des sections dont les intervalles ne sont pas vérifiés.

Remarquez que l'on dit une gamme en UT, une gamme en

FA, ce qui veut dire une gamme commençant par UT, ou une gamme commençant par FA.

La première note d'une gamme se nomme aussi note *fondamentale* ou *tonique*. Ainsi, quand on dit qu'une gamme est dans tel ou tel *ton*, on veut dire qu'elle a telle ou telle note pour tonique. C'est encore une des significations du mot *ton*.

Comme il n'y a que douze sons différens en musique, et que chacun de ces sons peut servir, à son tour, de *tonique*, il est évident qu'il ne peut y avoir plus de douze gammes.

79. Les gammes que nous allons former auront toujours pour *première section* la *seconde* de la gamme précédente.

Par cette marche, la gamme en UT donnera une nouvelle progression qui sera composée des notes SOL, LA, SI, UT, RÉ, MI, FA, SOL.

La première section SOL, LA, SI, UT ayant ses intervalles bien établis, comme on l'a vu dans la gamme naturelle, il nous reste à vérifier les intervalles de RÉ, MI, FA, SOL qui forment la seconde section. Ces notes doivent former deux tons suivis d'un demi-ton pour que la section soit bonne.

De RÉ à MI il y a un ton; de MI à FA, il faut encore un ton; mais l'intervalle n'étant que d'un demi-ton, et MI ne pouvant bouger sans compromettre l'intervalle de RÉ à MI, il faudra, pour avoir un ton de MI à FA, ne pas se servir du ton de FA, mais bien du demi-ton suivant qui se trouve entre FA et SOL. Pour indiquer qu'une note doit être *haussée d'un demi-ton*, on se sert d'un signe nommé *dièse*. Ainsi, au moyen du FA *dièse*, on obtient une bonne section; car on a de RÉ à MI un ton, de MI à FA *dièse* un ton, et de FA *dièse* à SOL un demi-ton. Le ton de séparation entre les deux sections, se trouve d'UT à RÉ. Enfin, au moyen du FA *dièse*, la gamme en SOL est parfaite, comme on le voit à la figure suivante :

80. Les *dièses* employés dans la formation des gammes se placent toujours à la clef. D'après leur nombre, on pourra connaître en quel ton la gamme a été formée , comme on le verra plus loin.

81. En commençant une nouvelle gamme par la seconde section de celle-ci, nous obtiendrons une gamme en RÉ *majeur*. La première section de cette nouvelle gamme sera toute faite, puisqu'elle a déjà servi de seconde dans la gamme en SOL. Il nous restera donc à construire la seconde, composée des notes LA, SI, UT, RÉ. De LA à SI , il faut un ton, il s'y trouve; de SI à UT, il faut également un ton , mais comme il n'y en a qu'un demi , l'UT doit être avancé au demi-ton suivant : ce qui se note par UT *dièse;* et en même temps le demi-ton d'UT *dièse* à RÉ se trouve établi, et la section est parfaite. Quant au ton qui sépare les deux sections, il se trouve entre SOL et LA. La gamme en RÉ *majeur* se trouve notée à la figure suivante :

On voit que la gamme en RÉ *majeur* contient deux dièses qui se placent à la clef. Le premier, qui est FA *dièse,* a servi à former le demi-ton de la première section , et le second, qui est UT *dièse ,* forme celui de la seconde.

82. En procédant toujours de même , c'est-à-dire , en prenant toujours la seconde section de la gamme obtenue pour première d'une nouvelle gamme, on obtiendra la suivante qui est en LA *majeur :*

Quant à la première section , elle est bien établie, comme on l'a vu dans la gamme précédente. Le ton de séparation existe entre RÉ et MI, et la seconde section contient les deux tons et demi ; car de MI à FA *dièse* il y a un ton , comme de FA *dièse* à SOL *dièse,* et le demi-ton se trouve de SOL *dièse* à LA.

83. La seconde section de la gamme en LA nous fournit la première d'une gamme nouvelle qui sera en MI, commeon le voit à la figure suivante :

La première section est bonne , comme étant la seconde de la gamme précédente ; le ton de séparation se trouve entre LA et SI.

La seconde section contient ses deux tons et demi ; car de SI à UT *dièse* il y a un ton, comme d'UT *dièse* à RÉ *dièse,* et le demi-ton se trouve de RÉ *dièse* à MI.

84. La seconde section de la gamme en MI nous donne la première de la gamme en SI , qui se trouve notée à la figure suivante :

Nous ne parlerons plus de la première section ; elle est toujours bien établie , puisqu'elle est la seconde de la gamme précédemment construite. Le ton séparatif se trouve de MI à FA *dièse.* Il a fallu FA *dièse,* car il n'y a qu'un demi-ton de MI à FA *naturel.* La seconde section contient ses deux tons et demi, puisque de FA *dièse* à SOL *dièse* il y a un ton, comme de SOL *dièse* à LA *dièse*, et le demi-ton se trouve de LA *dièse* à SI.

85. La seconde section de la gamme en SI nous donne la première de la gamme en FA *dièse*, qui se trouve notée ci-dessous :

Le ton de séparation entre les deux sections se trouve de SI à UT *dièse*. Pour que SI fût *ton*, il a fallu UT *dièse;* car de SI à UT *naturel* il n'y a qu'un demi-ton. La seconde section contient ses deux tons et demi; car de UT *dièse* à RÉ *dièse* il y a un ton; comme de RÉ *dièse* à MI *dièse*, et le demi-ton se trouve de MI *dièse* à FA *dièse*.

86. La seconde section de la gamme en FA *dièse* nous donne la première de la gamme en UT *dièse*, qui se note comme suit :

Le ton de séparation entre les deux sections se trouve de FA *dièse* à SOL *dièse*. La seconde section contient ses deux tons et demi; car de SOL *dièse* à LA *dièse* il y a un ton; le second ton se trouve de LA *dièse* à SI *dièse*, et le demi-ton se trouve de SI *dièse* à UT *dièse*.

87. On voit qu'en UT *dièse* il y a *sept dièses*, c'est-à-dire, que toutes les notes de la gamme sont diésées, en voici la raison :

Si une seule note de la gamme en ᴜᴛ *naturel* se trouve haussée d'un demi-ton, il faudra pour maintenir les intervalles, hausser toutes les notes ; sans cela l'ordre des tons et des demi-tons, qui est naturellement établi dans la gamme naturelle, serait interverti.

88. Par la seconde section de la gamme en ᴜᴛ *dièse*, on obtiendra une nouvelle gamme, qui sera en ѕᴏʟ *dièse*, comme la gamme en ᴜᴛ naturel a donné la gamme en ѕᴏʟ naturel, ainsi qu'on l'a vu au N° 79, ci-dessus.

Le ton de séparation se trouve d'ᴜᴛ *dièse* à ʀᴇ́ *dièse*. La seconde section a ses deux tons et demi. En effet, le premier est de ʀᴇ́ *dièse* à ᴍɪ *dièse* ; le second se trouve de ᴍɪ *dièse* à ꜰᴀ *double dièse*. Il a fallu un ꜰᴀ *double dièse* pour avoir *un ton ;* car de ᴍɪ *dièse* à ꜰᴀ *dièse*, il n'y a encore qu'un demi-ton. Le demi-ton de la section se trouve de ꜰᴀ *double dièse* à ѕᴏʟ *dièse*.

Pour bien comprendre cette gamme, il faut se rappeler ce que nous avons dit, N° 87. La gamme en ѕᴏʟ *dièse* n'est que la gamme en ѕᴏʟ *naturel,* dont toutes les notes sont diésées ou avancées d'un demi-ton. Mais arrivé au ꜰᴀ, qui était déjà diésé en ѕᴏʟ naturel, il a fallu le diéser une seconde fois en ѕᴏʟ *dièse*. De-là l'origine du *double dièse,* qui se marque, comme on le voit, par une petite double croix ou par un dièse avec quatre points.

89. Sur les instruments, surtout sur ceux à clavier, le son de si *dièse* correspond à celui d'ᴜᴛ *naturel.* De même celui de ꜰᴀ *double dièse* correspond à celui de ѕᴏʟ *naturel,* sauf ce qui est dit du tempérament.

Pourquoi donc, à la 7ᵐᵉ note de la gamme en ᴜᴛ *dièse,*

ne pas employer, dans la notation, un UT *naturel* au lieu de SI *dièse ?*

Pourquoi, à la 7ᵐᵉ note de la gamme en SOL *dièse*, ne pas employer, dans la notation, un SOL *naturel* au lieu de FA *double dièse?*

La raison en est, que les notes d'une 'gamme doivent monter ou descendre par *degrés conjoints*, comme il a été dit, N° 74.

Or, si dans la gamme en UT *dièse*, on employait ut *naturel*, au lieu de si *dièse;* de même, si, dans la gamme en SOL *dièse*, on employait SOL *naturel*, au lieu de FA *double dièse*, on aurait deux notes occupant le même degré sur la portée. Ainsi, dans la gamme en UT *dièse*, on aurait à la fin UT *naturel*, suivi d'UT *dièse;* en SOL *dièse*, on aurait SOL *naturel*, suivi de SOL *dièse*, ce qui ne se peut; car une pareille notation ne serait pas par *degrés conjoints*.

90. On pourrait, dans les dièses, aller plus loin que la gamme en SOL *dièse;* et même diéser toutes les gammes que nous avons obtenues en premier lieu. Si, par exemple, on voulait diéser la gamme en RÉ *naturel*, on trouverait dans la gamme en RÉ *dièse* deux doubles dièses, qui seraient le FA et l'UT. De même, on trouverait qu'en LA *dièse*, il faudrait trois doubles dièses, qui seraient le FA, l'UT et le SOL, ces notes étant déjà diésées dans le ton naturel.

On peut même aller jusqu'à diéser la gamme en UT *dièse*. Dans ce cas, elle contiendrait sept doubles dièses; mais cela est inutile; car, puisque l'UT *double dièse* et le RÉ *naturel* représentent *le même son*, on donnera la préférence à la gamme en RÉ *naturel*, où il n'y a que deux dièses à observer.

En fait de questions de théorie, on peut aller plus loin encore, et demander, par exemple, s'il y a un ton qui puisse contenir vingt-et-un dièses. Pour y répondre, il suffirait de faire observer qu'il y a trois fois sept dièses en vingt-et-un. Trois fois vingt-et-un dièses répondent donc à la gamme naturelle diésée trois fois, ce qui équivaut à la gamme en UT *triple dièse*.

91. On n'emploie guère de gammes qui contiennent plus de *six dièses*, parce qu'alors on peut les remplacer par d'autres, moins embarrassantes, comme on le verra N° 111, où il est traité des gammes avec *bémols*.

Ne perdons jamais de vue que toutes ces gammes s'expriment de même, parce que toutes contiennent les mêmes intervalles, seulement elles diffèrent par l'aigu ou le grave, selon leur position sur la portée. C'est la répétition de ce que nous avons dit, N° 69.

92. Les notes d'une gamme quelconque reçoivent une dénomination générale, qui tire son origine du degré que chaque note occupe relativement à la première. Ainsi, en commençant par la première note au grave, on les nomme successivement *première*, *seconde*, *tierce*, *quarte*, *quinte*, *sixte*, *septième* et *octave*. Elles reçoivent aussi dans le même ordre les noms de *tonique*, *sus-tonique*, *médiante*, *sous-dominante*, *dominante*, *sus-dominante*, *sensible* et *tonique*. Ces dénominations sont appliquées dans la figure suivante :

Les dénominations de tonique, etc., proviennent de ce que la première, la tierce et la quinte de toute gamme, formant ensemble un accord que l'on nomme *parfait*, et dont nous parlerons au 3ᵐᵉ Chapitre, ont été nommées, la première *tonique*, parcequ'elle est la note *fondamentale* de la gamme, elle marque le *ton*; la seconde de cet accord, qui est la tierce de la gamme, a été nommée *mé-*

diante du mot latin *medium* parce que, par sa position, elle tient le milieu entre les deux autres notes de l'accord parfait. La troisième de cet accord, qui est la quinte de la gamme, a été nommée *dominante,* parce que, comme la plus élevée des trois notes de l'accord, elle représente un son plus aigu qui, conséquemment, domine sur les deux autres. La *tonique* ou première de la gamme et de l'accord parfait, donne son nom à la seconde note de la gamme nommée *sus-tonique*. La quatrième note de la gamme qui est un degré au-dessous de la *dominante,* se nomme, à cause de celle-ci, *sous-dominante*. La sixième note de la gamme qui est un degré au-dessus de la *dominante,* se nomme pour cette raison *sus-dominante*. La *tierce* ou la *médiante,* qui ne doit son nom qu'à la place qu'elle occupe entre les deux autres notes de l'accord parfait, ne donne son nom à aucune autre note, comme le font la *tonique* et la *dominante,* qui tiennent leur nom, non pas de la place qu'elles occupent, mais d'une qualité inhérente et naturelle à leur effet, puisque l'une marque le *ton* et l'autre domine par le *son*. La *note sensible* est ainsi appelée, parce qu'elle fait *sentir* le ton et la tonique sur laquelle elle est obligée de monter, pour que son intervalle soit déterminé, comme nous l'avons dit N° 73.

ARTICLE IV.

De la place des dièses et de ce qu'ils indiquent.

93. Jusqu'à présent, pour plus de clarté, nous avons placé les dièses aux notes qui en demandaient. Mais il est convenu en musique, pour plus de simplicité dans la no-

tation, de placer à la clef tous les dièses qui entrent dans la formation d'une gamme.

Il est donc nécessaire de savoir comment on les place à la clef, et comment on peut reconnaître le ton.

94. En considérant en particulier chaque gamme que nous avons formée, nous voyons qu'en SOL le FA *dièse* a servi à former la *note sensible* du ton, c'est-à-dire, le demi-ton de la septième à la huitième note. Nous voyons aussi que l'UT *dièse* employé dans la gamme en RÉ a servi au même but. Il en est de même du SOL *dièse* dans la gamme en LA, et du RÉ *dièse* dans la gamme en MI. C'est donc toujours le dernier dièse employé qui se trouve être la note sensible du ton.

95. Il suit de là que, pour connaître le ton d'un morceau de musique, on cherche à la clef quel est le dernier dièse; celui-ci étant la note sensible du ton, il suffit de monter un degré et la *tonique* ou le *ton* est indiqué. Par exemple, a-t-on FA *dièse* à la clef? le morceau sera en SOL, parce que FA *dièse* est la note sensible du ton de SOL, lequel on reconnaît en montant un degré. A-t-on à la clef FA *dièse* et UT *dièse*? ce dernier dièse, comme note sensible, indique le ton de RÉ, etc.

Les dièses sont toujours arrangés à la clef de manière que le dernier donne toujours la note sensible du ton. On obtient cet ordre dans le placement des dièses, en les mettant par quinte en montant, c'est-à-dire, le second dièse cinq degrès au-dessus du premier; le troisième cinq degrés au-dessus du second, et ainsi de suite, en observant de les écrire toujours sur la portée, afin de les pouvoir distinguer, ce qu'on obtient en les écrivant une octave plus bas dès qu'ils dépassent la portée.

96. Les dièses par quinte en montant doivent être posés ainsi. parce qu'en formant une gamme nouvelle au moyen de la seconde section de la gamme précédente, les notes de cette nouvelle gamme se trouvent cinq degrés plus haut

que celles de la première. La note sensible de chaque gamme nouvelle sera donc aussi nécessairement cinq degrés au-dessus de la note sensible précédente; et, comme les dièses sont les notes sensibles des différents tons, il s'en suit que le dernier dièse doit toujours se trouver cinq degrés plus haut que le dièse précédent; telle est la cause de la position des dièses par quinte que l'on voit notés à la figure suivante:

Le sol *dièse*, le la *dièse* et le si *dièse* ont été descendus d'une octave pour se trouver sur la portée, comme on le voit aux lettres A. B. C.

La manière la plus régulière de placer les dièses est comme ils le sont à la lettre D, mais la plus usitée est indiquée sous la lettre E.

On voit que l'ut *dièse* est placé une quinte au-dessus du fa *dièse;* que le sol *dièse* est une quinte au-dessus de l'ut *dièse;* que le ré *dièse* est une quinte au-dessus du sol *dièse*, etc.

97. Il faut savoir de mémoire où sont posés les dièses, et apprendre par cœur le degré qu'ils occupent. A cet effet, on doit, jusqu'à parfaite connaissance, répéter leur ordre comme suit : fa, ut, sol, ré, la, mi, si, fa. Ce dernier fa n'est plus, comme le premier, un simple dièse, mais un *double dièse*, puisque c'est la seconde fois qu'il est diésé.

Il est nécessaire de savoir par cœur la place et le nombre des dièses que demande chaque ton ou chaque gamme ; car on n'a pas toujours la musique devant les yeux pour voir quel est le dernier dièse qui mène à connaître la tonique. Il faut encore savoir dire le ton d'après un certain nombre de dièses donnés. Voici la place et le nombre de dièses indiqués pour chaque ton :

S'il y a un dièse il se met au fa, et le ton est en sol.

S'il y en a deux, on les place au fa et à l'ut, et le ton est en ré.

S'il y en a trois, ils occupent la place de FA, UT, SOL, et le ton est en LA.

S'il y en a quatre, on les met au FA, UT, SOL et RÉ, et le ton est en MI.

S'il y en a cinq, on les place sur FA, UT, SOL, RÉ et LA, et le ton est en SI.

S'il y en a six, on a les dièses FA, UT, SOL, RÉ, LA et MI, et le ton est en FA *dièse*.

S'il y en a sept, le ton est en UT *dièse*, parce que toutes les notes de la gamme se trouvent diésées.

Ce que nous disons pour les dièses simples, s'applique aussi aux doubles dièses.

98. Si l'on va jusqu'au FA *double dièse*, le ton est en SOL *dièse*.

Si l'on trouve FA et UT *doubles dièses*, le ton est en RÉ *dièse*.

Si l'on trouve FA, UT et SOL *doubles dièses*, le ton est en LA *dièse*.

Ces tons ne sont que des gammes diésées dont les simples dièses se trouvent doublés. Mais vu qu'ils ne sont guère employés, il est peu important de les connaître. Nous n'avons voulu en parler que pour faire comprendre le mécanisme de leur construction.

ARTICLE V.

Autres gammes majeures et des bémols.

99. Pour former des gammes, nous nous sommes servis jusqu'ici de la seconde section de la gamme précédente pour première de la gamme suivante.

Cette marche a produit des gammes avec dièses. C'est ainsi que nous avons obtenu les gammes en SOL, en RÉ, en LA, en MI, en SI, en FA *dièse*, en UT *dièse*, et en y joignant la gamme en UT *naturel*, nous n'avons encore que huit gammes, tandis que nous avons vu N° **72**, qu'il y a en musique *douze sons*, qui, chacun à leur tour, peuvent devenir tonique ou première d'une gamme. Nous devons donc pouvoir trouver encore d'autres gammes.

Nous y parviendrons, si, au lieu de prendre la seconde section pour première d'une gamme nouvelle, nous prenons, au contraire, la *première* pour servir de *seconde*. Ainsi en partant du ton d'UT *naturel*, je prendrai la première section UT, RÉ, MI, FA, pour servir de seconde à une nouvelle gamme; en y ajoutant les notes qui doivent former la première section, j'aurai FA, SOL, LA, SI, UT, RÉ, MI, FA.

La seconde section de cette gamme est toute faite, puisqu'elle provient de la gamme naturelle; mais la première doit être vérifiée. Ne perdons pas de vue qu'il faut deux tons et demi dans toute section. Voyons si nous les avons dans FA, SOL, LA, SI.

De FA à SOL il faut un ton, il s'y trouve; de SOL à LA, il en faut un aussi, il s'y trouve également; de LA à SI, il y a un ton, tandis qu'il en faut un demi. Comme LA ne peut bouger de place, sans compromettre l'intervalle de SOL à LA, il faut que le SI descende un demi-ton intermédiaire qui existe entre LA et SI; par ce moyen il n'y aura qu'un demi-ton de LA au SI *descendu*, et de ce SI à l'UT suivant il se trouvera précisément *un ton* qui est requis pour la séparation des deux sections.

100. Pour marquer qu'une note doit descendre au demi-ton qui la précède, on a inventé un signe qui a la forme d'un *b* et que l'on nomme. *bémol*.

Le bémol est donc un signe qui, placé devant une note naturelle, la fait descendre au demi-ton qui la précède.

La figure suivante nous offre la gamme en FA; tous les intervalles y sont bien établis.

On voit que le si *bémol,* tout en formant le demi-ton qu'il faut de LA à SI, forme en même tems le ton de séparation qui doit se trouver entre SI et UT.

101. En procédant de la même manière, c'est-à-dire, en prenant la première section de cette gamme pour seconde d'une nouvelle, nous obtiendrons la gamme suivante qui est en SI *bémol* :

La première section est bien établie au moyen du MI *bémol* et du SI *bémol ;* car on a un ton de SI *bémol* à UT, comme de UT à RÉ, et de RÉ à MI *bémol* un demi-ton. Le ton de séparation se trouve de MI *bémol* à FA.

Quant à la seconde section, elle est bien établie, puisqu'elle provient de la gamme précédente.

102. La première section de la gamme en SI *bémol* nous donne la seconde d'une gamme nouvelle, qui sera en MI *bémol.* On la voit à la figure suivante :

La première section est bonne au moyen du LA *bémol,* ajouté à ceux de la gamme précédente ; car on a un ton de MI *bémol* à FA, comme de FA à SOL, le demi-ton se trouve de SOL à LA *bémol.* Le ton de séparation se trouve de LA *bémol* à SI *bémol.*

Quant à la seconde section, elle se trouvait toute faite dans la gamme précédente.

103. Par la première section de cette gamme-ci, on obtient

la seconde d'une nouvelle gamme, qui sera en LA *bémol*, comme on la voit notée à cette figure-ci :

Au moyen du RÉ *bémol* ajouté à ceux de la gamme précédente, on établit les deux tons et demi de la première section. En effet, de LA *bémol* à SI *bémol*, il y a un ton, comme de SI *bémol* à UT, et d'UT à LÉ *bémol* on a le demi-ton. Le ton de séparation se trouve de RÉ *bémol* à MI *bémol*.

Quant à la seconde section, elle a été démontrée dans la gamme précédente.

104. La première section de la gamme en LA *bémol*, servant de seconde, on obtient la gamme en RÉ *bémol*, que l'on voit ci-dessous.

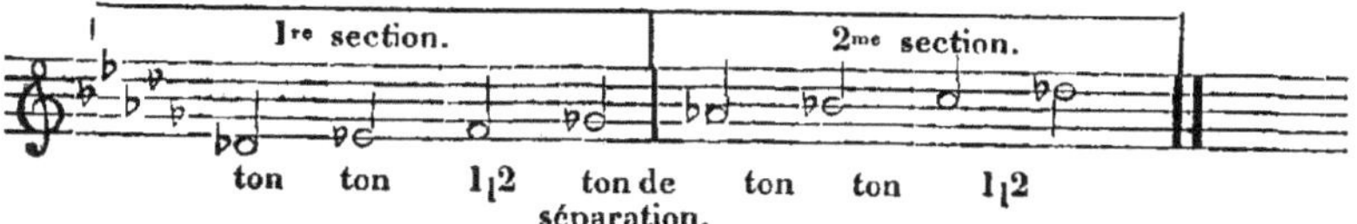

Le SOL bémol, ajouté à ceux de la gamme précédente, établit les deux tons et demi de la première section. En effet, de RÉ *bémol* à MI *bémol* il y a un ton, comme de MI *bémol* à FA, et le demi-ton se trouve de FA à SOL *bémol*. Le ton de séparation se trouve de SOL *bémol* à LA *bémol*.

Il est inutile de justifier les secondes sections, chaque gamme précédente les établit.

105. La première section de la gamme en RÉ *bémol* donne la seconde de la gamme en SOL *bémol*. Elle est notée ci-dessus :

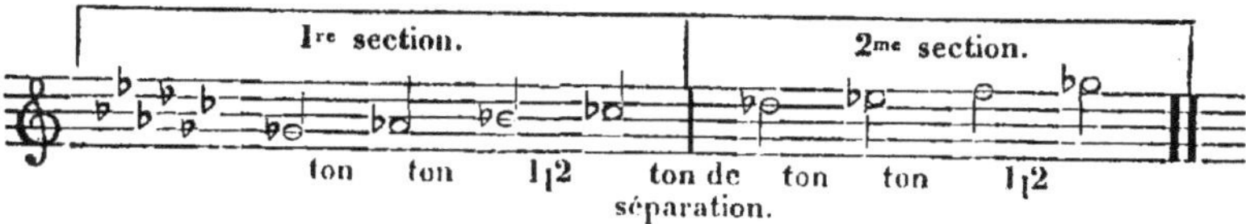

L'ut *bémol*, ajouté aux précédens, établit la première section. En effet, sol, la, si, ut, étant des notes naturelles, la section serait bonne, comme étant la seconde de la gamme naturelle. Maintenant que ces notes sol, la, si, ut sont bémolisées, la section est encore bien établie ; car les intervalles restent les mêmes. Le ton de séparation se trouve d'ut *bémol* à ré *bemol*.

106. La première section de la gamme en sol *bémol* forme la seconde de celle en ut *bémol*, qui se trouve notée ci-dessous :

La gamme en ut *bémol* doit nécessairement avoir sept bémols, parce que, si l'on descend une seule note de la gamme naturelle d'un demi-ton, il faudra, pour maintenir les intervalles, les bémoliser toutes ; sans cela, l'ordre naturel des intervalles serait interverti, et il n'y aurait pas de gamme. Nous avons fait le même raisonnement pour la gamme en ut *dièse*, Nº 87.

107. Il n'est pas nécessaire de continuer la formation d'autres gammes avec bémols ; car déjà la gamme en ut *bémol* est hors d'usage, parce que ut *bémol* étant, selon le tempérament, le même son que si *naturel*; on emploiera de préférence ce dernier ton, qui ne demande que cinq dièses, comme on l'a vu Nº 84, tandis que la gamme en ut *bémol* demande sept bémols, et doit offrir plus de difficulté dans l'exécution, ou du moins plus de signes à observer que l'autre.

108. On peut cependant, en suivant la même marche, construire des gammes au-delà de celle en ut *bémol*. En effet, en prenant pour seconde la première section de cette

dernière gamme, on obtiendra une gamme FA *bémol*, qui se note comme suit :

Dans cette dernière gamme, on trouve un *double bémol* au SI ; la raison en est que la gamme en FA *naturel*, comme on l'a vu N° 100, avait déjà un *bémol* au SI. Or, si nous bémolisons toute la gamme en FA *naturel*, le SI deviendra *double bémol*. C'est le raisonnement que nous avons fait pour le double dièse, N° 88.

109. Si le simple bémol fait descendre la note d'un demi-ton, le double bémol la fera descendre d'un ton, comme le double dièse la fait monter d'un ton. Ainsi le son de SI *double bémol* sera le même que celui de LA *naturel*. Mais, comme il est admis en principe, qu'une gamme doit monter ou descendre par degrés conjoints, voyez N° 74., on s'é-carterait de cette marche, si, au lieu du SI *double bémol*, on admettait le LA *naturel;* car alors on aurait dans la même gamme deux notes suivantes occupant le même degré, savoir: le LA *bémol* suivi du LA *naturel,* marche contraire à la progression d'une gamme.

110. On pourrait aller plus loin, et bémoliser des gammes qui contiennent déjà des bémols. Si, par exemple, on voulait bémoliser la gamme en SI *bémol,* on trouverait deux doubles bémols, qui seraient le SI et le MI. De même, on trouverait qu'en MI *double bémol,* il y en aurait trois, le SI, le MI et le LA, à cause que ces notes sont déjà bémolisées dans ces tons. On peut aller même jusqu'à bémoliser la gamme en UT *bémol*. Alors on obtiendrait une gamme avec sept doubles bémols; mais tous ces tons sont inutiles.

En fait de questions de théorie, on peut aller à l'infini. Par exemple, on pourrait faire ici une question analogue à celle que nous avons supposée, N° 90, savoir : s'il y a un ton qui puisse contenir vingt-quatre bémols ou plus encore. Pour y répondre, il faudrait voir combien de fois sept est contenu en vingt-quatre, trois fois, reste trois ; trois bémols donnent le ton de MI *bémol;* sept bémols de plus, c'est le ton de MI *double bémol;* encore sept bémols, donneraient le le ton de MI *triple bémol;* enfin vingt-quatre bémols donneraient le ton de MI *quadruple bémol.*

111. On n'emploie guère de gamme qui contienne plus de *six bémols* ou plus de *six dièses,* parce qu'alors on peut la remplacer par une autre, représentant les même sons. C'est ainsi que la gamme en UT *bémol* peut se remplacer avec avantage par la gamme en SI *naturel,* comme la gamme en UT *dièse* se remplace par le ton de RÉ *bémol.* Ces gammes qui se présentent sous deux formes différentes, et qui ne représentent cependant que les mêmes sons, se nomment *homologues.* Ainsi la gamme en MI *naturel* et celle en FA *bémol* sont homologues. Toutes les gammes que nous venons de voir, s'expriment de même, parce que toutes sont composées des mêmes intervalles ; elles ne diffèrent que par l'aigu ou le grave, selon leur position sur la portée ; elles reçoivent aussi sur chaque note les dénominations générales qui ont été indiquées au N° 92.

ARTICLE VI.

De la place des bémols et du bécarre, ce qu'ils indiquent.

112. Jusqu'à présent, pour plus de clarté, nous avons placé les bémols aux notes qui en demandaient ; mais il est

convenu , pour plus de simplicité dans la notation , de ne les placer qu'à la clef seulement. Voyons maintenant comment on place les bémols et comment ils indiquent le ton.

Dans la gamme en FA, on a employé le SI *bémol* pour former le demi-ton de la première section. Ce SI *bémol* se trouve quatre degrés plus haut ou cinq dégrés plus bas que la tonique FA, et sert lui-même de tonique à la gamme suivante qui est en SI *bémol*. Voyez N° 100 , 101.

Dans cette dernière gamme, on a employé le MI *bémol* pour former le demi-ton de la première section. Ce MI *bémol* est encore quatre degrés au-dessus, ou cinq degrés au-dessous de la tonique, SI *bémol;* il sert lui-même de tonique à la gamme suivante qui est en MI *bémol*. Voyez N° 101, 102.

Dans cette dernière gamme , on a dû employer LA *bémol* pour établir le demi-ton de la première section. Ce LA *bémol* est toujours, comme les autres, quatre degrés plus haut ou cinq degrés plus bas que la tonique MI *bémol*.

La même marche a successivement été suivie pour les autres gammes avec bémols.

Il résulte de ce que nous venons de remarquer, que le nouveau bémol se trouve toujours quatre degrés plus haut ou cinq degrés plus bas que le précédent; que partant les bémols se placent par quinte en descendant ou par quarte en montant ; il suit aussi de-là , que le dernier bémol placé à la clef indique toujours celui qui se place à la quatrième note de la gamme, et qui a servi à former le demi-ton de la première section. Puisqu'on connaît par le dernier bémol la quatrième note de la gamme, en montant, ou la cinquième en descendant, il suffira de descendre quatre degrés à partir de ce bémol, pour connaître la tonique, ou d'en monter cinq; et, comme par cette opération on retombe toujours sur l'avant-dernier bémol, connaissant ce bémol, on connaît aussi la tonique ou le ton du morceau.

Dans la figure suivante, on trouve les bémols placés par quinte en descendant ou par quarte en montant :

Les *bémols,* MI, RÉ et UT et le SI *double bémol* ont été placés une octave plus haut, pour se trouver sur la portée, comme on le voit lettres **A. B. C. D.**

113. Il faut connaitre de mémoire la place des bémols et apprendre par cœur le degré qu'ils occupent. A cet effet, on doit jusqu'à parfaite connaissance, répéter leur ordre comme suit : SI, MI, LA, RÉ, SOL, UT, FA, SI. Le dernier n'est plus, comme le premier, un simple bémol, mais bien un *double bémol,* puisque c'est la seconde fois qu'il est bémolisé.

Il est nécessaire de savoir par cœur la place et le nombre des bémols que demande chaque ton ou chaque gamme; car on n'a pas toujours la musique devant les yeux pour rechercher la tonique par le dernier bémol. Il faut encore savoir dire le ton d'après un certain nombre de bémols donné. Voici la place et le nombre des bémols indiqués pour chaque ton :

S'il y a un bémol, il se met au SI, et le ton est en FA.

S'il y en a deux, ils se placent au SI et MI, et le ton est en SI *bémol.*

S'il y en a trois, on les met sur SI, MI, LA, et le ton est en MI *bémol.*

S'il y en a quatre, on les place sur SI, MI, LA, RÉ, et le ton est en LA *bémol.*

S'il y en a cinq, on les met sur SI, MI, LA, SOL, et le ton est en RÉ *bémol.*

S'il y a en six, ils se placent sur SI, MI, LA, RÉ, SOL, UT, et le ton est en SOL *bémol.*

S'il y en a sept, le ton est en UT *bémol,* parce que toutes les notes de la gamme se trouvent bémolisées.

Ce que nous disons concernant les simples bémols s'applique aussi aux doubles bémols, ainsi :

S'il se trouvait un si *double bémol,* le ton serait en FA *bémol.*

Si l'on trouvait le si et le MI *doubles bémols,* le ton serait en si *double bémol;* mais tous les tons en *doubles bémols* ne sont presque jamais employés; si l'on en parle, c'est pour faire voir l'application du principe suivi dans la formation de ces tons.

114. Jusqu'à présent, nous avons procédé d'une gamme à l'autre, en marchant de *dièse* en *dièse,* ou de *bémol* en *bémol;* il doit nous être possible de revenir sur nos pas. En effet, cela se peut : si de la gamme en SOL, par exemple, nous voulions rentrer en UT, la première section de la gamme en SOL deviendrait la seconde du ton d'UT, et nous aurions alors les notes rangées comme on le voit à la figure suivante, A :

Pour que la gamme en UT, marquée à la lettre A, soit bonne, il faut que le dièse disparaisse au FA, qui doit devenir naturel.

De même, si de la gamme en FA *naturel* nous voulions revenir en UT, la seconde section deviendrait la première de ce ton, et nous aurions les notes rangées comme on les voit à la figure suivante, lettre A.

Pour que la gamme soit bonne à la lettre A, il faut

que le bémol disparaisse de devant le si, qui doit devenir note naturelle.

Pour ces deux cas, on a inventé un signe nommé *bécarre*, dont on voit la forme aux exemples ci-dessus, lettre **B**.

Le *bécarre* est donc un signe qui, mis devant une note affectée d'un dièse ou d'un bémol, marque qu'elle doit être remise à son élévation naturelle.

115. Le bécarre a donc une double propriété, qui est de faire hausser la note d'un demi-ton, s'il fait disparaître un *bémol*, et de la faire baisser d'un demi-ton, s'il fait disparaître un *dièse*.

Le bécarre se trouve à la clef ou dans le cours d'un morceau de musique.

S'il est à la clef, il indique un *changement de ton* et fait disparaître un dièse ou un bémol pour tout ce qui suit.

S'il est dans le cours d'un morceau, et non à la clef, il faut voir s'il agit sur des dièses ou des bémols de la clef. Dans ce cas, il n'efface le dièse ou le bémol que pour la note qu'il précède seulement, ou tout au plus pour celles qui suivent dans la même mesure.

S'il n'agit pas sur un des dièses ou des bémols de la clef, mais bien sur ceux qui se présentent accidentellement, le bécarre les détruit sans retour pour toutes les notes sur le même degré.

116. Les dièses ou les bémols que l'on rencontre dans le cours d'un morceau, se nomme *accidentels*.

Voici comment les dièses ou les bémols accidentels agissent :

Si un dièse ou un bémol nouveau se présente à une clef dans le cours d'un morceau, il agit sur la même note chaque fois qu'elle se présente dans la suite, parce qu'il indique alors un *changement de ton*. Si le dièse ou le bémol se trouve accidentellement placé, non à une clef nouvelle, mais devant une note seulement, il n'agit, en général, que sur la note qui suit ou sur celles qui suivent dans la même mesure.

Nous disons *en général,* parce que, si le dièse ou le bémol accidentel détruisait l'effet d'un *bécarre* qui a modifié quelque dièse ou quelque bémol de la clef, il agirait sur toutes les mêmes notes qui suivent, à cause qu'alors il ramène au ton principal du morceau, et rétablit l'action d'un dièse ou d'un bémol de la clef qui, par l'effet du bécarre accidentel, avait été paralysé.

ARTICLE VII.

Gammes homologues, tableau général des Gammes majeures, rapports entre elles.

117. Indépendamment de la gamme naturelle, l'emploi des dièses nous a fait obtenir sept gammes de différens tons, savoir : en SOL, en RÉ, en LA, en MI, en SI, en FA *dièse* et enfin une en UT *dièse.* Par l'emploi des bémols, nous en avons aussi obtenu sept, de différents tons, savoir : en FA, en SI *bémol,* en MI *bémol,* en LA *bémol,* en RÉ *bémol,* en SOL *bémol* et une en UT *bémol.* Ces quatorze gammes, jointes à la gamme naturelle, en font quinze. Cependant nous avons vu antérieurement, N° 72, qu'il n'existe en musique que *douze sons différens* qui ne peuvent donner lieu qu'à douze différentes gammes.

Il faut donc nécessairement que certaines gammes se trouvent produites sous deux formes différentes, c'est-à-dire, que certaines gammes avec dièses et avec bémols représentent les mêmes sons; cela a lieu, car la gamme en ᴜᴛ *dièse* et celle en ʀᴇ́ *bémol* produisent le même **effet.** Il en est de même des gammes en ᴜᴛ *bémol* et en ꜱɪ *naturel,* et de celles en ꜰᴀ *dièse* et en ꜱᴏʟ *bémol.* Ces gammes qui ne représentent que des sons semblables, se nomment *homologues.* On pourrait aussi les nommer *homophones.* Elles sont notées à la figure suivante :

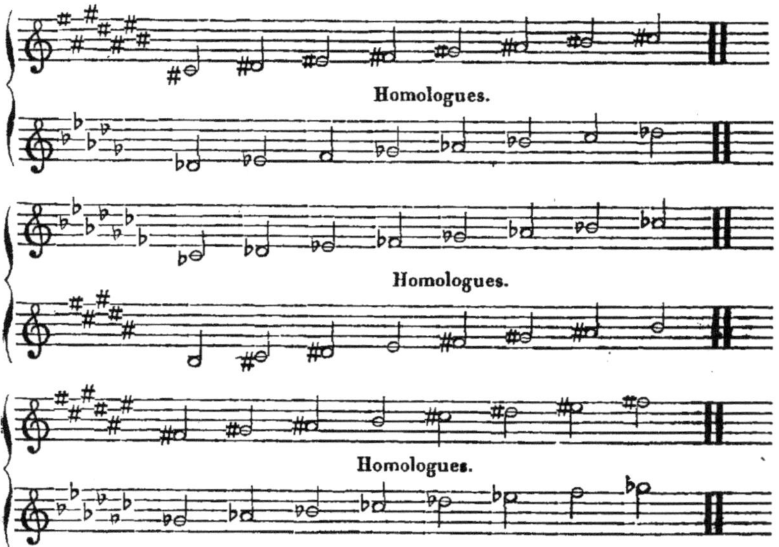

Dans ces gammes, on préférera celle des deux qui offre le moins de signes à observer. Ainsi la gamme en ʀᴇ́ *bémol* sera préférée à celle en ᴜᴛ *dièse,* parce que celle-ci a sept dièses, tandis que l'autre n'a que cinq bémols. Pour le même motif, on préférera la gamme en ꜱɪ *naturel* à celle en ᴜᴛ *bémol.* Mais on emploiera indifféremment les tons en ꜰᴀ *dièse* et en ꜱᴏʟ *bémol,* parce de part et d'autre le nombre de signes s'élève à six.

Les six gammes ci-dessus se réduisant à trois seulement. Il en résulte qu'au lieu de quinze gammes, il n'y en a réellement que douze, dont trois peuvent être notées de deux manières.

Remarquez que c'est en vertu du tempérament que nous considérons les gammes homologues comme représentant un même ordre de sons. A cet égard, on peut voir ce qui est dit Nᵒˢ 169, 184 et suivants.

118. Remarquez, dans les gammes homologues ci-dessus, que si l'on veut changer la notation d'une gamme en lui faisant représenter les mêmes sons, il faut que le nombre des signes de part et d'autre pris ensemble, s'élève à *douze*. Ainsi en UT *dièse* il y a sept dièses; son homologue en RÉ *bémol* aura cinq bémols qui, joints aux sept dièses, font ensemble douze signes. De même, la gamme en UT *bémol* a sept bémols; son homologue, en SI *naturel* aura cinq dièses, qui font encore ensemble douze signes. Le nombre des signes des gammes en FA *dièse* et en SOL *bémol* s'élève de même à douze; puisqu'il y en a six dans l'une, et six dans l'autre. Ceci provient de ce que les sons d'une gamme ne peuvent se noter une fois avec des bémols et une fois avec des dièses, sans rencontrer deux notes qui sont naturelles, à cause des deux demi-tons qui se trouvent en musique. Ainsi une gamme homologue, notée avec bémols et d'une autre manière avec dièses, présente bien quatorze notes différentes, mais ne donnera jamais que *douze* notes affectées de signes.

Nous parlerons encore des gammes ou des tons homologues, en traitant du genre enharmonique, Nᵒ 169.

La figure suivante nous offre le tableau général des douze gammes majeures qui correspondent, comme nous l'expliquerons, aux douze demi-tons successifs de la musique.

Nº 119.
UT
A.
SOL
H.
RÉ
C.
LA
J.
MI
E.
SI
L.
SOL ♭
G.
RÉ ♭
B.
LA ♭
I.
MI ♭
D.
SI ♭
K.
FA
F.

· **120.** Pour trouver dans ce tableau une gamme sur chaque demi-ton, on doit commencer par la gamme en UT *naturel,* que l'on voit à la lettre A. La suivante en RÉ *bémol,* qui offre moins de signes que celle en UT *dièse,* se trouve à la lettre B. La troisième en RÉ *naturel* se trouve à la lettre·C. La quatrième en MI *bémol* est préférée à celle en RÉ *dièse,* qui offre trop de dièses à observer; elle se trouve à la lettre D. La cinquième en MI *naturel* se voit à la lettre·E. La sixième en FA *naturel* est à la lettre F. La septième en FA dièse est remplacée par celle en SOL *bémol,* qui se voit à la lettre G. La huitième est en SOL *naturel* à la lettre H. La neuvième en LA *bémol,* à la lettre I. est préférée à celle en SOL *dièse,* parce qu'elle a moins de signes à observer. La dixième en LA *naturel* se voit à la lettre J. La onzième en SI *bémol* se trouve à la lettre K. Et enfin la douzième·en SI *naturel,* est marquée à la lettre L. D'après ceci, on voit que ce tableau offre une gamme sur chaque demi-ton de la musique, de manière à ne jamais dépasser le nombre de six dièses ou de six bémols.

121. Les rapports que ces gammes ont entr'elles sont expliqués en même tems que les remarques à faire sur ce tableau. Les voici:

I. Toutes ces gammes, depuis la première jusqu'à la dernière, procèdent successivement par quinte en montant, c'est-à-dire, que la gamme suivante commence toujours par la cinquième note de la précédente; ce qui provient de ce que la seconde section de chacune d'elles sert de première à la gamme suivante.

II. Dans les gammes, aussi bien avec dièses qu'avec bémols, on trouve par quinte les gammes, en SOL, en RÉ, en LA, en MI et en SI.

III. Parvenu à la gamme en SI *naturel,* au lieu de passer par quinte à la gamme en FA *dièse;* on remplace cette dernière par celle en SOL *bémol,* afin de pouvoir, en procédant par quinte en montant, ôter un bémol à chaque nouvelle gamme, au lieu de continuer à ajouter un dièse. Par ce moyen : 1° on évite l'embarras d'un grand nombre de dièses; 2° on procède toujours par quinte en montant, c'est-à-dire, que la seconde section sert toujours de première à la gamme suivante ; 3° on trouve avoir fait une gamme sur chacun des douze sons qui se trouvent dans l'étendue de l'octave ; et 4° on revient en UT, gamme d'où l'on était parti, et qu'on obtient par la seconde section de la gamme en FA *naturel*.

IV. Il existe des rapports très-remarquables entre les gammes avec dièses, et les gammes avec bémols. En effet, les dièses d'une part, et les bémols de l'autre, s'élèvent ensemble à sept : ainsi, en SOL *naturel*, il y a *un* dièse, en SOL *bémol, six* bémols, ce qui fait ensemble sept signes. En RÉ *naturel*, il y a *deux* dièses ; en RÉ *bémol, cinq* bémols, ce qui fait ensemble sept signes. Enfin en LA *naturel*, il y a *trois* dièses ; en LA *bémol, quatre* bémols ; en MI *naturel, quatre* dièses, en MI *bémol, trois* bémols ; les signes de part et d'autre s'élèvent donc toujours à sept.

Il résulte de ce qui précède que, quand on connaît les tons avec dièses, on peut trouver ceux avec bémols et *vice-versâ*.

Ce qui suit fera connaître la cause de ces rapports. Nous avons vu, N° 106, que la gamme en UT *bémol* demande *sept* bémols, parce que, pour maintenir les intervalles donnés par la gamme naturelle, il faut bémoliser les sept notes de cette gamme. Or, si nous bémolisons la gamme en SOL *naturel*, c'est-à-dire, si nous la descendons d'un demi-ton, le FA qui était diésé deviendra note naturelle, et les six autres notes seulement seront bémolisées. Ainsi, autant de dièses de plus dans une gamme, autant, en la bémolisant, recevra-t-elle de bémols de moins, et *vice-versâ*. Les gammes avec bémols ne sont donc que des gammes naturelles bémolisées.

ARTICLE VIII.

De la gamme mineure.

122. Nous avons vu N° 76 que la gamme des Grecs était composée des mêmes intervalles que la nôtre, mais qu'ils procédaient par tétracordes conjoints, c'est-à-dire, qu'ils commençaient au SOL et montaient jusqu'au LA ; ils avaient donc les intervalles donnés par les notes : SOL, LA, SI, UT, RÉ, MI, FA. En élevant ou diésant la première de ces notes, on obtient la progression suivante : SOL *dièse,* LA, SI, UT, RÉ, MI, FA, qui forment précisément les intervalles de la gamme mineure moderne, que nous notons en commençant par LA, de la manière suivante :

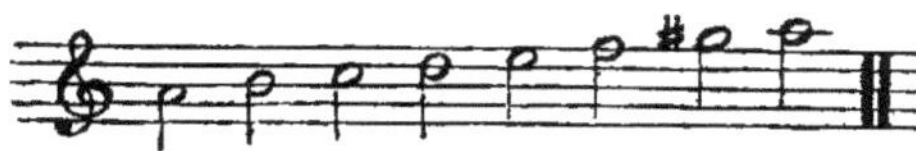

123. La gamme mineure, ainsi notée, a beaucoup d'analogie avec la gamme majeure. En effet, la gamme majeure contient deux tierces majeures consécutives suivies de la sensible et de la tonique ; la gamme mineure, de même, contient deux tierces mineures consécutives suivies aussi de la note sensible et de la tonique. Voici la comparaison de ces deux gammes :

Par cet exemple on comprend mieux ce que nous avons voulu dire N° 74. On voit qu'une *tierce majeure,* ce qui veut dire *grande tierce,* est un intervalle de *deux tons,* et qu'une *tierce mineure* ou *petite tierce,* est un intervalle *d'un ton et demi.*

124. Pour composer une de ces tierces, il faut toujours une étendue de deux degrés et de trois sons diatoniques, comme on le voit à la figure qui précède. Ainsi, quoique de FA *naturel* à SOL *dièse,* il y ait un ton et demi , on n'aura pas une tierce mineure , parce que l'étendue n'est pas de deux degrés composés de trois sons diatoniques ; mais on aura simplement une seconde augmentée, comme on le verra par la suite,

125. Ces deux espèces de gammes, dont chacune reçoit un ordre d'intervalles qui lui est propre, ou une notation à sa manière, forment les deux *modes* de la musique, appelés le *mode majeur,* et le *mode mineur;* c'est l'espèce de tierce que l'on suit dans la formation d'une gamme, qui en caractérise le mode. Il s'en suit que la gamme mineure, telle qu'on vient de la voir, est la plus rationnelle.

126. Le *mode* diffère du *ton,* en ce que celui-ci n'indique que la corde, la tonique ou la note fondamentale qui doit servir de base à un chant, tandis que le mode détermine l'espèce de tierce que l'on a employée dans la formation de l'échelle ou de la gamme sur un ton ou son fondamental quelconque.

127. La gamme mineure, telle que nous venons de la proposer, est celle que l'on nomme *harmonique;* elle n'est point établie sur des principes purement arbitraires, elle a son fondement dans la génération harmonique, au moins jusqu'à certain point. Si vous donnez l'accord parfait majeur à la tonique, la dominante et la sous-dominante, vous aurez tous les sons de l'échelle diatonique pour le *mode majeur.* Pour avoir celle du *mode mineur,* laissant toujours la tierce majeure à la dominante, donnez la tierce mineure aux deux autres accords. Telle est l'analogie du mode mineur.

128. La difficulté que l'on trouve à chanter ou à exécuter

avec justesse la *seconde augmentée* qui se trouve de la sixte à la sensible de toute gamme mineure, a fait qu'on hausse souvent la sixte d'un demi-ton en montant, tandis qu'en descendant, la sensible et la sixte se descendent d'un demi-ton. De cette manière la gamme mineure donne, en montant, une tierce majeure sur la quarte, et en descendant, une tierce mineure sur la quinte; mais ce sont là des exceptions qui ont donné lieu à une autre gamme mineure, que l'on appelle celle de *mélodie*. On la voit à la figure suivante :

Cette prétendue gamme mineure est purement arbitraire. En effet, si l'on reconnaît en principe, que *c'est la tierce qui constitue le mode*, pourquoi admettre, en montant, une tierce majeure à la suite d'une tierce mineure, comme on le voit à la lettre B? Pourquoi, en descendant, faire disparaitre la note sensible? Ne voit-on pas qu'à défaut de cette note sensible, tous les intervalles sont semblables à ceux de la gamme majeure, et que si, après avoir parcouru les notes de la gamme qui se trouve à la lettre A, on s'arrêtait à la tierce, cette gamme ne laisserait nullement l'impression du mode mineur; car tous les intervalles sont ceux de la gamme en ut *naturel*, tandis que si l'on parcourt toutes les notes de la gamme mineure telle qu'elle est formée Nº 123, en commençant par une note quelconque, on entendra toujours le mode mineur, bien déterminé. On ne pourrait en dire autant de la gamme ci-dessus.

129. Depuis long-tems la gamme mineure *harmonique* est préférée, parce qu'elle présente plus d'analogie avec la gamme majeure, et qu'on peut du moins la rapporter à la génération harmonique. Mais si les élèves ont trop

de peine à chanter juste l'intervalle de seconde augmentée qui se trouve de la sixte à la septième, le maître doit faire monter la gamme jusqu'au FA ou jusqu'à la sixte, puis la faire descendre jusqu'au SOL *dièse* ou jusqu'à la sensible qui conduit ensuite à la tonique.

La gamme mineure, aussi bien que la majeure, se produit sous douze formes différentes, la manière de la chanter ou de l'exprimer est toujours la même, et elle ne reçoit des formes différentes que par l'aigu ou le grave, d'après sa position sur la portée.

✶ ✶ ✶

ARTICLE IX.

Gammes mineures avec dièses.

130. Dans la formation des gammes mineures, ne perdons jamais de vue, qu'elles doivent contenir *deux tierces mineures consécutives, séparées par un ton et suivies de la sensible et de la tonique.*

On peut commencer une gamme mineure par telle note qu'on veut, pourvu qu'on observe les intervalles requis; mais pour suivre une marche régulière, comme on l'a fait pour les gammes majeures, on procédera par quinte, c'est-à-dire, que la quinte ou cinquième note de la gamme précédente servira toujours de première ou de tonique à la gamme suivante, ou, ce qui revient au même, on fera servir la première tierce de la gamme précédente pour seconde de la gamme suivante. En partant de la gamme en LA mineur, et en suivant cette marche, nous obtiendrons la gamme en MI *mineur* qui devra se noter comme suit :

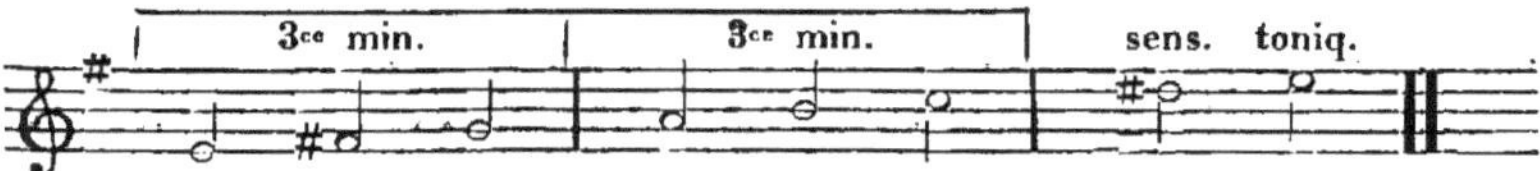

Cette gamme est à la *quinte* de la précédente qui est indiquée N° 123. Les notes LA et UT qui forment ici la seconde tierce mineure, servaient de première dans la gamme précédente. Les deux tierces sont séparées par l'intervalle d'un ton, et après elles, vient la sensible suivie de la tonique.

131. Quant aux dièses qui entrent dans la formation des gammes mineures, on les place à la clef dans le même ordre que ceux des gammes majeures, c'est-à-dire, qu'on ne peut marquer ceux qui ne tombent pas dans la marche indiquée N° 96 et 97 : ces dièses se placent accidentellement devant la note même quand elle se présente. Ainsi dans la gamme en MI *mineur* ci-dessus, le FA *dièse*, seulement, est placé à la clef, parce qu'il suit l'ordre du placement des dièses, qui commence par FA. La gamme en MI *mineur* contient encore le RÉ *dièse;* mais on ne pourrait le placer à la clef, parce que, dans l'ordre, il ne vient pas à la suite du FA *dièse.* Pour pouvoir placer le RÉ *dièse,* il faudrait mettre avant cette note, l'UT et le SOL *dièses,* qui n'entrent point dans cette gamme ; ce dièse ne se mettra donc qu'accidentellement, c'est-à-dire, quand la note RÉ se présentera.

132. Veut-on former une gamme nouvelle à la quinte de la précédente, ou ce qui revient au même, une gamme qui a pour seconde tierce la première de la gamme ci-dessus, on aura celle en SI *mineur,* comme suit :

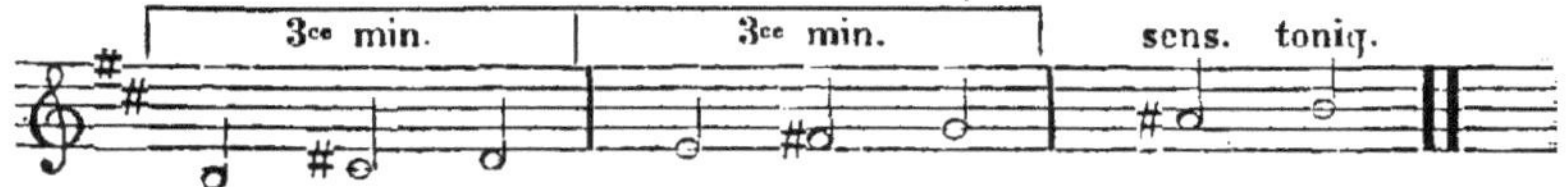

La seconde tierce mineure formée par MI et SOL, était la première ci-dessus. Ces deux tierces se trouvent séparées par l'intervalle d'un ton qui se trouve de RÉ à MI, et après elles vient la sensible, suivie de la tonique.

Dans cette gamme, il n'y a que le FA et l'UT *dièses,* qui se placent à la clef, parce qu'ils se trouvent dans l'ordre admis, le LA *dièse* ne peut s'y placer, car il faudrait encore qu'il fût précédé de SOL et de RÉ *dièses,* qui n'entrent point dans la gamme en SI *mineur.*

133. De même, si l'on forme une gamme mineure à la quinte de la précédente, elle sera en FA *dièse mineur,* et se notera comme suit :

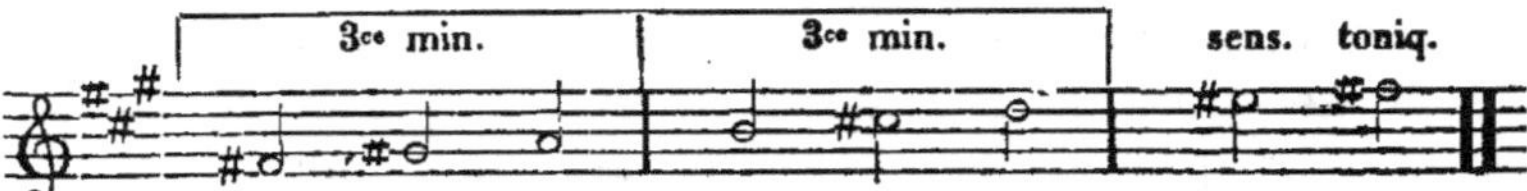

La première tierce mineure est bien établie, la seconde l'est également, comme nous l'avons vu dans la gamme précédente, ces tierces sont séparées par l'intervalle d'un ton, et suivies de la sensible et de la tonique.

C'est toujours le *dièse* de la note sensible qui ne se place pas à la clef, parce qu'il exige le placement de deux autres avant lui, qui n'entrent point dans la gamme.

134. En formant une gamme mineure, à la quinte de celle qui précède on aura celle en UT *dièse mineur;* comme ci-dessous :

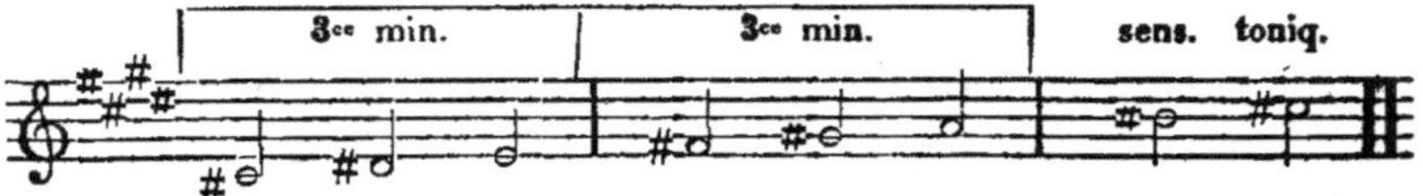

D'après la démonstration des gammes mineures qui précèdent il ne sera plus nécessaire de revenir sur leurs intervalles; on peut facilement s'en rendre compte.

Dans la gamme qui précède le dièse de la note sensible, qui est SI *dièse,* ne peut se placer à la clef; car il devrait être précédé du LA et du MI *dièses,* qui n'entrent point dans cette gamme.

135. La gamme mineure à la quinte de la précédente sera en SOL *dièse,* comme suit :

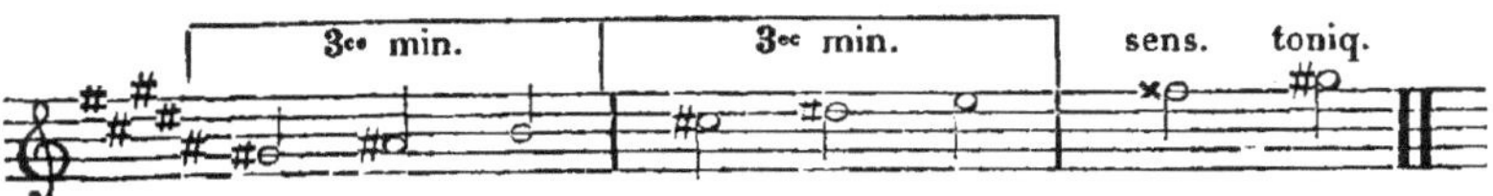

On trouve dans cette gamme cinq dièses à la clef, le FA *double dièse* ne s'y met pas parce qu'avant lui, il faudrait encore le MI et le SI *dièses.* Le FA *double dièse,* comme *note sensible,* se trouve toujours dans la gamme en SOL *dièse,* quelqu'en soit le mode. On peut voir à ce sujet, ce qui a été dit N°s 88, 89 et 87.

136. En procédant toujours de même, par la quinte de cette dernière gamme, on obtiendra celle en RÉ *dièse mineur,* notée ci-dessous :

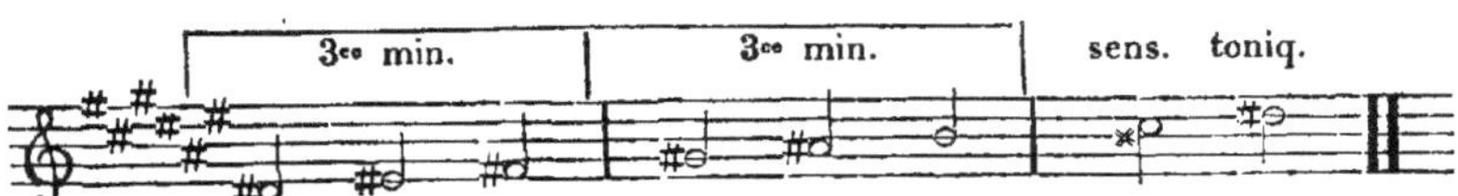

La note sensible UT *double dièse* ne peut se placer à la clef, parce qu'avant lui, il faudrait encore le SI *dièse* et le FA *double dièse.*

137. Ne perdons jamais de vue que, savoir chanter une gamme mineure , c'est savoir les exprimer toutes, parce que toutes sont composées des mêmes intervalles , seulement elles diffèrent par l'aigu ou le grave, selon leur position sur la portée.

Les notes des gammes mineures aussi bien que celles des gammes majeures, reçoivent les dénominations générales que nous avons indiquées, N° 92.

138. En suivant la marche ci-dessus, on pourrait encore former bien d'autres gammes mineures avec dièses; mais

on ne les emploie guère quand elles contiennent plus de *six dièses.*

La gamme en ʀé *dièse* se remplace même avantageusement par son homologue qui est en ᴍɪ *bémol, mineur* qui contient le même nombre de signes. Avec la gamme en en ʀé *dièse mineur*, nous n'avons obtenu que sept gammes mineures, et comme il y en a douze dans chaque *mode,* nous devons en former d'autres ; elles feront l'objet de l'article suivant.

ARTICLE X.

Gammes mineures avec bémols.

139. Pour former des gammes mineures avec dièses, on a, à partir du ton de ʟA *mineur,* procédé successivement par quinte en montant, ou, ce qui revient au même, la première tierce mineure de chaque gamme, a servi successivement de seconde dans la gamme suivante ; par cette marche, on a formé les gammes mineures en ᴍɪ, en sɪ, en ғA *dièse,* en ᴜᴛ *dièse,* en soʟ *dièse,* et en ʀé *dièse.* Pour obtenir des gammes mineures avec bémols, nous partirons encore du ton de ʟA *mineur,* et, par une opération inverse à celle que nous venons de faire, chaque gamme nouvelle aura, pour première tierce, la seconde de la précédente ; c'est procéder par quinte en descendant, comme on l'a fait art. V. pour la formation des gammes majeures avec bémols.

140. La seconde tierce de la gamme en ʟA mineur, étant employée pour première, on formera une gamme en ʀé *mineur,* notée comme suit :

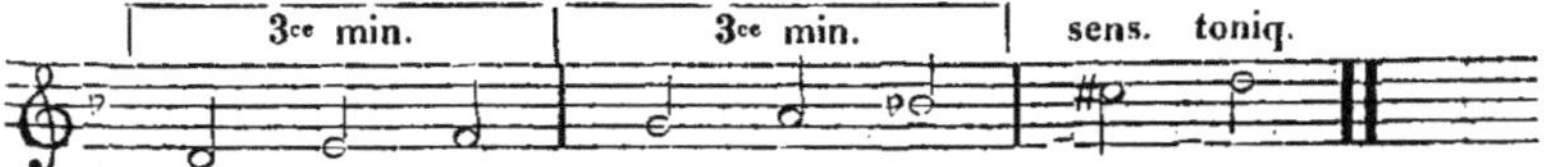

La première tierce a ses intervalles bien établis, comme

provenant de la gamme en LA *mineur* déjà vérifiée. Le SI *bémol* établit la seconde tierce mineure. Le ton de séparation se trouve de FA à SOL, et l'UT étant diésé est devenu la sensible de RÉ.

141. La seconde tierce de la gamme ci-desus, employée pour première, sert à établir la gamme en SOL *mineur,* indiquée par l'exemple suivant :

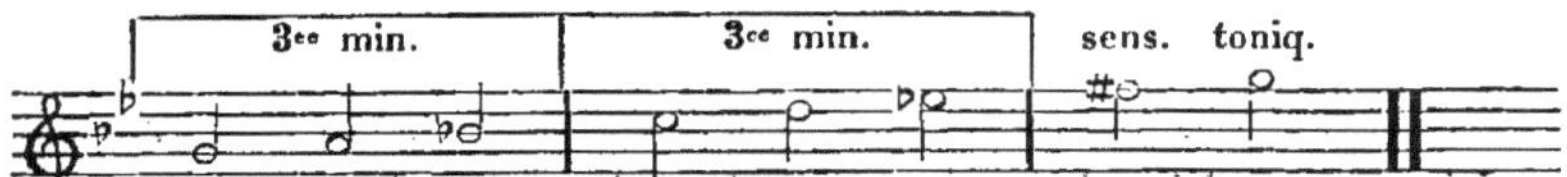

Il n'est pas nécessaire de vérifier la première tierce de chaque gamme, puisque ses intervalles sont démontrés dans celle qui précède. La seconde tierce mineure se trouve établie par le MI *bémol.* Le ton de séparation est de SI *bémol* à UT, et le FA *dièse* forme la note sensible.

142. Les gammes en SOL et en RÉ, sont les seuls tons mineurs avec bémols, dont la note sensible soit diésée. Ceci provient des deux demi-tons qui, dans la gamme naturelle, existent de MI à FA, et de SI à UT. Comme, dans chaque gamme mineure, il doit se trouver une *seconde augmentée* de la sixte à la sensible, c'est-à-dire, un intervalle d'un ton et demi, il ne suffit pas, pour obtenir cet intervalle, de bémoliser le MI et le SI : car de MI *bémol* à FA, comme de SI *bémol* à UT, l'intervalle n'est que d'un ton; il ne suffit pas non plus de diéser seulement l'UT et le FA ; mais il faut faire l'un et l'autre. Ces dièses en établissant l'intervalle de seconde augmentée, forment en même tems les notes sensibles de ces tons. Dans les autres gammes mineures avec bémols, la note sensible est toujours une note naturelle marquée d'un *bécarre accidentel.*

143. En commençant une gamme nouvelle par la seconde tierce de la précédente, on formera la gamme suivante qui est en UT *mineur* :

Le **la** *bémol* établit la seconde tierce mineure. Le ton de séparation se trouve de **mi** *bémol* à **fa** et le **si** *naturel* forme la note sensible.

144. Par la seconde tierce de la gamme ci-dessus on commence à établir la gamme suivante qui est en **fa** *mineur* :

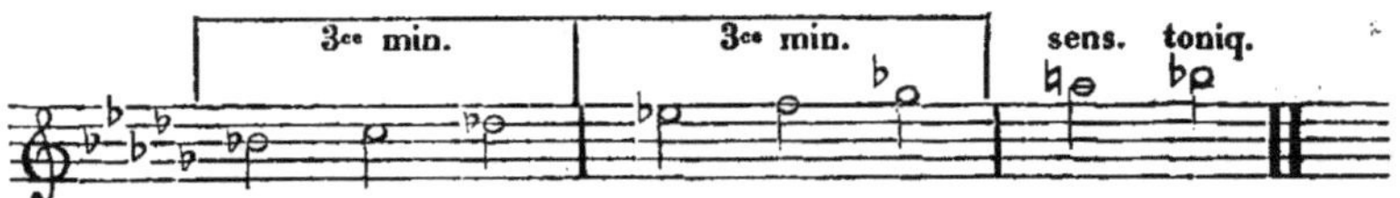

Par le **ré** *bémol* on obtient la seconde tierce mineure. De **la** *bémol* à **si** *bémol* se trouve le ton de séparation, **mi** *naturel* forme la note sensible.

145. La seconde tierce de cette dernière gamme sert à construire la suivante qui est en **si** *bémol mineur*.

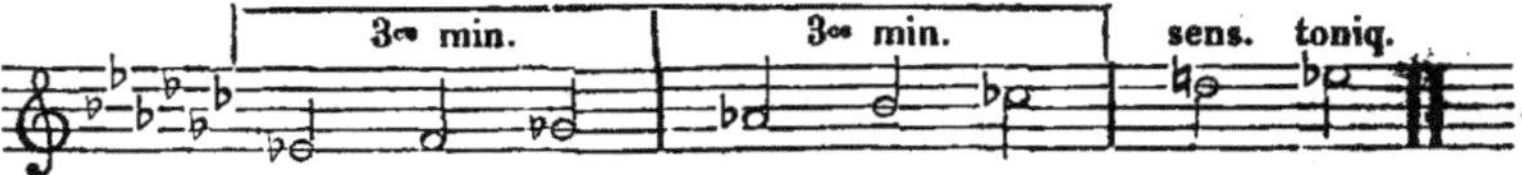

Le **sol** *bémol* forme la seconde tierce mineure. Le ton de séparation se trouve de **ré** *bémol* à **mi** *bémol*. Le **la** naturel donne la note sensible.

146. La seconde tierce de la gamme qui précède, donne la première de la gamme en **mi** *bémol mineur,* que l'on note comme suit :

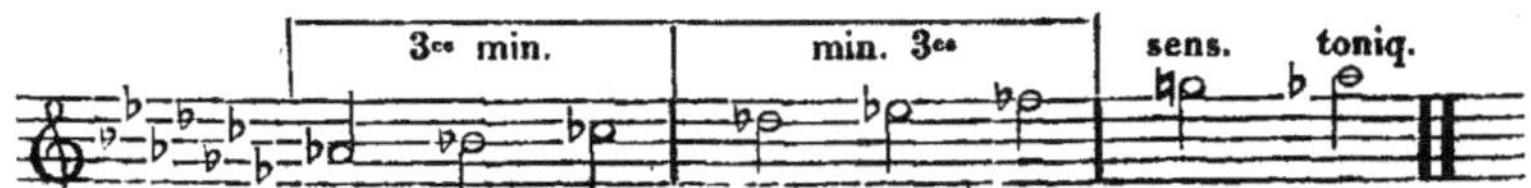

Pour obtenir la seconde tierce mineure, on a bémolisé l'**ut**. **Sol** *bémol* et **la** *bémol* forment le ton de séparation. Le **ré** naturel donne la note sensible.

147. Par la seconde tierce de cette dernière gamme, on commence celle en **la** *bémol mineur,* que l'on note de la manière suivante :

Le FA *bémol* forme l'intervalle de la seconde tierce mineure. On se rend facilement compte des intervalles de cette gamme, si l'on considère qu'elle n'est que la gamme en LA *naturel mineur*, descendue d'un demi-ton, en effet; toutes les notes de cette dernière, sont ici bémolisées, excepté le SOL qui est naturel, parce qu'il était diésé dans la gamme en LA *naturel mineur*.

148. On n'emploie guère de gamme mineure qui contienne plus de six bémols ou de six dièses; mais à nombre égal de signes, on donne la préférence à la gamme avec bémols, parce qu'un des bémols de la clef se trouve paralysé par le bécarre accidentel, qui forme la note sensible; tandis que, dans toute gamme mineure avec dièses, la note sensible exige encore un autre dièse qui ne se trouve pas marqué à la clef. Nous reviendrons sur cet objet en parlant des gammes mineures homologues.

ARTICLE XI.

Comment on peut connaître les tons mineurs.

149. Dans la formation des gammes mineures, nous avons placé les dièses et les bémols à chaque note qui en demandait; mais on est convenu, pour plus de simplicité dans la notation, de ne les placer qu'à la clef.

La manière de placer les dièses et les bémols à la clef est la même pour les tons mineurs que pour les tons majeurs, c'est-à-dire, que l'on place les dièses par quinte en montant et les bémols par quinte en descendant, comme nous l'avons vu N° 96 et 112.

Mais si, d'un côté, la manière de placer à la clef les dièses et les bémols est la même pour les deux modes, d'autre part, les gammes mineures n'ont jamais à la clef tous les signes employés dans leur formation. En effet, les gammes mineures avec dièses ont toujours à la clef un dièse de moins que ceux qui entrent dans la formation de ces gammes, tandis que les gammes mineures avec bémols ont toujours à la clef un bémol de plus.

Cette espèce d'irrégularité n'établit aucune différence entre les gammes mineures avec dièses et celles avec bémols, puisqu'un dièse de moins à la clef équivaut d'autre part à un bémol de plus.

Dans les tons mineurs avec dièses on rencontrera donc un dièse qui ne se trouve pas à la clef, et qu'on nomme *dièse accidentel*, et dans les tons mineurs avec bémols on rencontrera un bécarre qui paralyse l'effet d'un des bémols de la clef : on le nomme aussi *bécarre accidentel*.

Ces dièses et ces bécarres accidentels sont les notes sensibles des différents tons mineurs, comme nous l'avons déjà dit N° 131 et 142.

150. Cependant on peut encore se tromper, si l'on n'observe pas ce qui suit : en changeant de ton dans le mode majeur, souvent aussi on rencontre des dièses ou des bécarres étrangers au ton indiqué par la clef.

Pour indiquer le ton avec précision, il faut donc s'assurer d'avance s'il s'agit d'un morceau en mode majeur ou en mode mineur. A cet égard, on observera ce qui suit :

Si le bécarre frappe sur le bémol qui précède les deux derniers, le mode est mineur, et ce bécarre lui-même est la note sensible du ton, un degré au-dessus duquel se trouve la tonique. C'est ce que nous avons fait entendre N° 142.

Si le dièse qui se présente demandait, pour être mis à la clef, la position préalable des deux autres dièses, le mode serait mineur, et ce dièse lui-même est la note sensible du ton, un degré au-dessus duquel se trouve la tonique. Ce que l'on peut conclure du N° 131.

Si la clef a un ou deux bémols, et qu'on rencontre un dièse accidentel, il ne faut pas douter, le mode est mineur, et le dièse est la note sensible du ton. Ceci est plutôt une exception qui se rapporte aux tons de SOL et de RÉ *mineurs* seulement, comme nous l'avons dit N° 142.

La raison pour laquelle, dans le mode mineur, on ne met pas à la clef le dièse formant la note sensible du ton se trouve expliquée N° 131 et 147, la raison pourquoi on met à la clef un bémol qui n'entre pas dans le ton se trouve développée N° 139, 141, 142 et 143.

151. Un excellent moyen encore de trouver les tons mineurs, c'est de voir d'abord quel serait le ton majeur d'après le nombre de dièses ou de bémols de la clef. Le ton majeur étant trouvé, la tonique mineure se trouve toujours une tierce mineure au-dessous de la tonique majeure; si le morceau donne la note sensible de cette tonique mineure, on connaît le mode et le ton.

Ainsi le ton d'UT *majeur* n'a ni dièses ni bémols à la clef, le ton de LA *mineur* qui se trouve une tierce mineure au-dessous de la tonique majeure UT, sera déterminé par le SOL *dièse* note sensible du ton de LA *mineur*. Si ce SOL *dièse* ne se rencontre pas, le ton est en UT *majeur*.

ARTICLE XII.

Gammes homologues mineures, tableau général des gammes mineures, rapports entre-elles.

152. Il ne peut y avoir plus de douze gammes mineures, par le même motif qu'il n'y a que douze gammes majeures, comme on peut le voir N° 72 et 117; les gammes mineures ont

12.

aussi comme les majeures, leurs tons homologues; tels sont :
les tons de SOL *dièse* et de LA *bémol;* ceux de RÉ *dièse* et de MI
bémol, et enfin, ceux de LA *dièse* et de SI *bémol.* On voit ces
tons homologues aux figures suivantes :

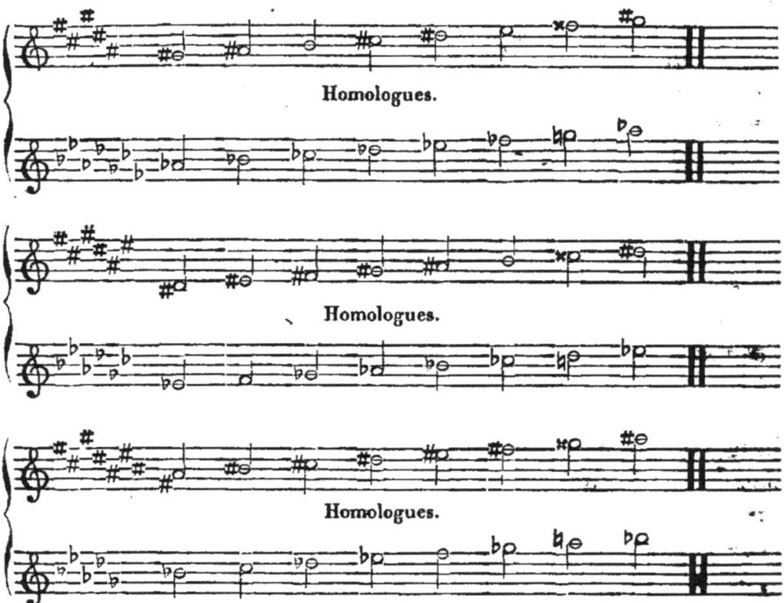

Dans les gammes mineures homologues comme dans les
majeures, on donnera la préférence à celle des deux qui offre
le moins de signes à observer; pour connaître le nombre de
signes qui entrent dans leur formation, il faut les compter sur
la gamme même, car nous avons vu, en formant les gammes
mineures, que celles avec dièses, exigent toujours un dièse
qui n'est pas marqué à la clef, et que dans celles avec bémols, on retranche un des bémols qui se trouve être à la
clef ; à nombre égal de signes, il faut donc préférer la gamme
homologue avec bémols.

153. D'après ce qui vient d'être dit, la gamme en SOL *dièse,*
ci-dessus, sera préférée à celle en LA *bémol,* parce qu'elle n'a

que cinq notes diésées ; tandis que la gamme en ʟᴀ *bémol*, son homologue, a six notes bémolisées.

Pour les gammes homologues en ʀᴇ́ *dièse* et en ᴍɪ *bémol* ci-dessus, quoiqu'elles aient à la clef le même nombre de signes, la gamme en ᴍɪ *bémol* doit être préférée; car elle n'a réellement dans sa formation que cinq bémols, tandis que la gamme en ʀᴇ́ *dièse* en a six et même sept, si l'on compte le double *dièse* pour deux simples. A la seule vue, on jugera que la gamme en ѕɪ *bémol* mérite la préférence sur celle en ʟᴀ *dièse*.

Les six gammes ci-dessus, se réduisent à trois seulement. Il en résulte qu'au lieu de quinze gammes mineures, il n'y en a réellement que douze, dont trois peuvent être notées de deux manières.

154. La remarque que nous avons faite Nº 118 sur les gammes homologues majeures, s'applique ici aux mineures.

Ainsi, dans les trois exemples ci-dessus, si l'on veut changer la notation d'une gamme, en lui conservant le même son, il faut que le nombre de dièses d'une part joint à celui des bémols de l'autre s'élève ensemble à *douze*, ainsi en ѕoʟ *dièse mineur*, il y a cinq dièses à la clef, en ʟᴀ *bémol mineur*, il y a *sept* bémols. Cinq d'une part et sept de l'autre font douze. Nous y reviendrons en parlant du *genre enharmonique*, Nº 169.

Le tableau suivant donne les douze gammes mineures qui répondent aux douze demi-tons de la musique, comme nous l'expliquerons.

N° 155

156. Pour parcourir tous les demi-tons de la musique, nous commencerons par la gamme en LA *naturel mineur* qui se voit à la lettre A. La seconde en SI *bémol* qui offre moins de signes à observer que son homologue en LA *dièse*, se voit lettre B. La troisième est en SI *naturel*, lettre C ; la quatrième en UT *naturel*, se voit lettre D ; la cinquième en UT *dièse*, est à la lettre E ; la sixième est en RÉ *naturel*, à la lettre F. La septième en MI *bémol mineur*, offre moins de signes que son homologue en RÉ *dièse mineur :* on la voit lettre G. La huitième est en MI *naturel*, lettre H. La neuvième en FA *naturel* se voit lettre I ; la dixième en FA *dièse*, se voit lettre J ; la onzième en SOL *naturel*, se trouve lettre K, et enfin la douzième en SOL *dièse* qui remplace son homologue en LA *bémol*, se voit lettre L.

157. Les rapports que ces gammes ont entr'elles se trouvent expliqués dans les observations suivantes :

I. Toutes ces gammes procèdent par quinte en montant, c'est-à-dire, que la gamme suivante commence toujours par la cinquième note de la précédente : ceci provient de ce que la première tierce mineure de chacune d'elles, sert de seconde à la gamme suivante.

II. Dans les gammes mineures avec dièses aussi bien qu'avec bémols, on trouve par quinte les gammes suivantes : en MI , en SI, en FA, en UT et en SOL.

III. La gamme en LA *naturel* précède celle en MI *naturel*, comme celle en SOL *dièse* qui tient lieu de LA *bémol*, précède la gamme en MI *bémol* mineur.

IV. Parvenu à la gamme en SOL *dièse*, au lieu de passer par quinte à la gamme en RÉ *dièse*, on la remplace par celle en MI *bémol mineur*, afin de pouvoir par quinte en montant ôter un bémol à chaque nouvelle gamme ; par cette marche : 1° on évite l'embarras d'un grand nombre de dièses. 2° On procède toujours par quinte en montant dans les tons avec bémols, comme dans ceux avec dièses. 3° On trouve avoir fait une gamme sur chacun des douze sons qui se trouve dans l'étendue de l'octave. 4° Et enfin on se trouve revenir en LA *mineur* d'où l'on est parti, gamme que l'on obtient en prenant la première tierce de la gamme en RÉ *mineur* pour seconde de la gamme en LA *mineur*.

IV. Les rapports qui existent dans les gammes majeures de même nom, dont nous avons parlé N° 121, IV, c'est-à-dire, les gammes qui occupent les mêmes degrés sur la portée, dont l'une avec dièses, l'autre avec bémols, existent aussi pour les gammes mineures ; le nombre de dièses d'une part, joint au nombre de bémols de l'autre, s'élève toujours ensemble à *sept,* comme nous l'avons vu pour les gammes majeures ; ainsi en LA *naturel mineur* il n'y a aucun dièse ni bémol à la clef, en LA *bémol mineur,* il y aura sept bémols, en MI *naturel mineur,* il y a un dièse à la clef, en MI *bémol mineur,* il y aura six bémols à la clef, ce qui fait ensemble sept signes. En SI *naturel mineur,* il y a deux dièses à la clef, en SI *bémol mineur,* il y aura cinq bémols, ce qui ensemble fait encore sept signes. Il en est de même des autres gammes mineures.

Il suit de cette observation que, quand on connaît le nombre de dièses qui entrent dans tel ou tel ton, on connaît aussi le nombre de bémols qui entrent dans ce même ton bémolisé et *vice-versâ.* La cause des rapports qu'ont entr'elles les gammes avec dièses et celles avec bémols se trouve suffisamment expliquée N° 121, IV.

ARTICLE XIII.

Rapports entre les gammes majeures et les gammes mineures; des tons relatifs.

158. Par le tableau des gammes mineures et des majeures on voit que, de part et d'autre, ces gammes présentent aux clefs le même ordre et le même nombre de dièses ou de bémols : ceci provient de ce que de part et d'autre on procède par quinte en montant et que l'on prend pour point de départ une gamme qui n'a ni dièses ni bémols à la clef, et, qu'arrivé à six dièses, on remplace ce ton par son homologue en six bémols pour pouvoir successivement ôter un bémol au lieu d'ajouter un dièse. Mais de ce que les gammes successives mineures et majeures présentent le même ordre et le même nombre de dièses et de bémols, il ne faut pas conclure que, de part et d'autre, on trouve successivement les mêmes tons; car le tableau des gammes mineures commence par la quatrième des gammes majeures qui est en LA; le cinquième ton majeur se trouve le deuxième en mineur, et ainsi de suite, sauf les changemens enharmoniques qu'on est déjà à même de connaître ou de comprendre, si l'on a étudié ce qui précède.

159. En rapprochant chaque gamme mineure de la gamme majeure du même ton, on trouvera que le ton mineur a toujours trois dièses de moins ou trois bémols de plus que le ton majeur.

Il a toujours trois dièses de moins que le même ton majeur, parce que deux dièses du majeur disparaissent d'abord pour former les deux tierces mineures, et le troisième qui sert de note sensible, ne se met pas à la clef, parce qu'il ne tombe point dans l'ordre suivi pour le placement des dièses.

Le ton mineur a toujours trois bémols de plus que le même ton majeur, parce que les deux derniers bémols de la clef ont servi à former les deux tierces mineures, et que le premier des trois a dû être mis à la clef, pour pouvoir placer régulièrement les deux derniers.

Qu'on prenne pour exemple les tons de LA et d'UT *mineurs*. En LA *mineur* il y a trois dièses de moins qu'en LA *majeur* parce que le FA et l'UT *dièses* sont retranchés pour former les deux tierces mineures, et que le SOL dièse qui est la sensible, ne peut se placer seul à la clef, n'étant que le troisième selon l'ordre du placement des dièses.

Encore, en UT *mineur* il y a trois bémols de plus qu'en UT *majeur,* parce que les deux derniers bémols qui sont mis à la clef, ont servi à former les deux tierces mineures et que ces deux bémols qui sont MI et LA, ne peuvent être mis selon l'ordre du placement des bémols, sans être précédés par par la SI *bémol.*

160. Ce qui précède donne lieu à établir les règles suivantes :

Pour passer du majeur au mineur, il faut ôter trois dièses ou ajouter trois bémols à la clef, et *vice-versâ;* pour passer du mineur au majeur il faut ajouter trois dièses ou retrancher trois bémols.

Pour comprendre ces règles avec lucidité, remarquez qu'ôter trois dièses ou ajouter trois bémols n'est qu'une même opération : en effet, ôter trois dièses, c'est reculer trois notes d'un demi-ton, et mettre trois bémols, c'est aussi baisser trois notes d'un demi-ton et *vice-versâ :* pour la même raison, ajouter trois dièses ou ôter trois bémols, n'est qu'une même opération.

161. Mais comment rendre mineur un ton qui n'a que deux ou un seul dièse à la clef? Pour résoudre cette question, il faut remarquer que, quand on retranche trois dièses, les notes qui sont reculées d'un demi-ton, procèdent par quinte en descendant : ainsi quand il faudra rendre mineur le ton de RÉ *majeur* qui contient deux dièses, on commencera par re-

trancher l'UT *dièse,* après lui le FA *dièse* qui est une quinte plus bas que l'UT *dièse,* ensuite on bémolisera le SI qui est une quinte au-dessous du FA : de cette manière on aura reculé trois notes d'un demi-ton, en procédant par quinte en descendant.

C'est d'après cette marche que le ton de SOL *majeur* rendu mineur, aura deux bémols à la clef; car on effacera d'abord le FA *dièse;* ensuite, on bémolisera le SI qui est une quinte au-dessous du FA, et enfin on bémolisera le MI qui est une quinte au-dessous du SI *bémol.*

L'inverse de ce que nous venons de dire est facile à saisir: pour passer du mineur au majeur, il faut ôter trois bémols; mais si le ton n'en a qu'un ou deux à la clef, il faudra ajouter le reste en dièses. En effet, dès qu'on retranche les bémols, les notes avancées d'un demi-ton procèdent par quinte en montant, comme lorsqu'on ajoute des dièses. S'il n'y a donc que deux bémols à la clef, comme en SOL *mineur,* on retranchera d'abord le MI *bémol* qui est le dernier placé, ensuite le SI *bémol* qui est une quinte plus haut que le MI, et on diésera le FA qui est une quinte plus haut que le SI. S'il n'y a qu'un seul bémol, comme en RÉ *mineur,* on retranche le SI *bémol,* on diése le FA qui est une quinte au-dessus du SI, et enfin on diése l'UT qui est une quinte au-dessus du FA *dièse.*

162. Chaque ton majeur a un ton mineur qui s'y rapporte, c'est le ton mineur qui contient à la clef le même nombre de signes que le majeur. Ces tons se nomment *relatifs.* Le *ton relatif mineur* est toujours celui qui se trouve trois degrés ou une tierce mineure au-dessous de la tonique majeure. Ainsi, quand on connaît un ton majeur, on peut dire quel est son relatif mineur et réciproquement, puisque le ton mineur aura pour son relatif majeur le ton de la troisième note de la gamme mineure. Ainsi, le ton de LA *mineur* est le relatif de celui d'UT *majeur,* parce que tous deux n'ont aucun signe à la clef. La tonique LA se trouve une tierce mineure plus bas que la tonique majeure UT. Le tableau suivant offre les douze gammes majeures avec leurs relatives mineures.

13.

Nᵒ 163. TABLEAU DES TONS RELATIFS.

164. Il existe beaucoup de rapports entre les tons majeurs et leurs relatifs mineurs : 1° la clef se trouve marquée des mêmes signes ; 2° ils ont presque les mêmes intervalles à un demi-ton près, car si la note sensible du ton mineur était descendue d'un demi-ton, tous les intervalles seraient conformes au relatif majeur, comme nous l'avons déjà dit Nᵒ 122 et 128 ; 3° le ton relatif mineur se lie aisément à son relatif majeur, et présente des transitions très-naturelles : en effet, ne voit-on pas, par exemple, dans la gamme mineure en LA, une suite de notes UT, RÉ, MI, FA, qui forment la première section de la gamme en UT, ou la dernière du ton de FA, et les notes LA, SI, UT qui forment les trois dernières notes de la gamme naturelle?

Du ton d'UT *majeur* et de celui de LA *mineur* on pourrait passer dans bien d'autres tons qui ont avec ces deux premiers quelque analogie d'intervalles : on pourrait aussi changer de mode ; car, dans un chant ou un air quelconque, on ne peut rester dans le mode ni dans le ton par lequel on commence, et il faut, soit pour l'expression, soit pour la variété, changer de ton ou de mode, en revenant pourtant toujours à celui qu'on a fait entendre le premier, car il faut de l'unité dans la mélodie.

165. De là une nouvelle distinction entre le ton *principal* et les tons *relatifs*.

Le principal est celui dans lequel on commence et on finit la pièce ; on nomme *relatifs*, les autres tons qu'on entrelace avec le principal dans le courant de la modulation : les tons relatifs peuvent appartenir à l'un comme à l'autre mode. Changer de ton et de mode par les tons relatifs qui se lient au ton prin cipal, est une chose dont le terme *modulation* rend mieux l'idée.

Pour donner un exemple des modulations du mode majeur, je ferai remarquer les tons qui se rapprochent le plus de celui d'UT majeur par l'analogie des intervalles. Les tons de FA et de SOL sont liés au ton d'UT, puisque cette dernière gamme contient une section de chacun de ces tons. UT, RÉ MI, FA forment la seconde section de la gamme en FA; SOL, LA, SI, UT, font la première section de la gamme en SOL. Le *ton* LA *mineur* se rapproche aussi beaucoup de celui d'UT *majeur* qui contient LA, SI, UT, RÉ, MI, FA, qui sont les six premières notes ou les deux tierces mineures consécutives du ton de LA *mineur*. Le *ton* de RÉ *mineur* s'y trouve aussi lié ; car on rencontre RÉ, MI, FA, SOL, LA, qui sont les cinq premières notes de la gamme en RÉ *mineur*. Il en est de même du ton MI *mineur :* on y trouve les deux tierces mineures consécutives de ce ton, qui sont MI, SOL et LA, UT.

Les tons qui se rapprochent le plus du mode mineur, par exemple, en prenant le ton de LA *mineur,* seront ceux de MI *majeur* par les notes MI, SOL *dièse,* SI et de FA *majeur* par la section UT, RÉ, MI, FA, et le ton de RE *mineur* par la tierce mineure RÉ, FA. Ce sont ici les mêmes tons que pour le mode majeur, à l'exception de celui de MI *majeur* que donne la note sensible du ton mineur au lieu de celui de SOL *majeur* pour le mode majeur.

Ce que nous venons de dire pour les deux modes, s'applique à tous les autres tons. Il est très-utile de connaître ces rapprochemens ou ces liaisons ; leur connaissance aide à découvrir facilement les diverses modulations, chose très-importante en musique ; car, c'est en entrelaçant, en liant les tons et les modes, qu'on obtient une source de variétés et de beautés, ainsi qu'une diversité et une énergie admirables dans l'expression, et enfin, l'art d'exciter des sentimens divers, avec des intervalles semblables, frappés dans chaque mode en différents tons.

ARTICLE XIV.

Des Genres.

166. Le genre n'est qu'une espèce de marche que l'on suit pour passer d'un son à un autre. En musique, on distingue trois genres, savoir : Le *diatonique*, le *chromatique* et *l'enharmonique*. Suivre le *genre diatonique* ou marcher *diatoniquement*, c'est procéder par tons et demi-tons, selon les intervalles que demandent les gammes dans les deux modes, et sans altérer ces intervalles. Ainsi, un chant quelconque qui ne sort pas de ces intervalles, appartient au genre diatonique ; et, quoiqu'en changeant de ton, on introduise souvent de nouveaux dièses ou de nouveaux bémols, le genre reste toujours diatonique, si ces dièses ou ces bémols ne viennent pas diviser ou altérer les intervalles des gammes.

De même, quoique les gammes procèdent par degrés conjoints, cela n'empêche pas qu'un chant procédant par degrés disjoints, ne soit diatonique, pourvu que ces degrés proviennent tous des intervalles des gammes, sans être altérés.

167. Le *genre chromatique* ne procède que par demi-tons. Ainsi, une gamme dont les différents intervalles se trouvent divisés par les demi-tons intermédiaires, c'est-à-dire, une progression de notes montant ou descendant par demi-tons, se nomme *gamme chromatique.*

Le chromatique se fait ordinairement par dièses en montant, et par bémols en descendant ; cette marche est la plus rationnelle, puisque, pour monter une note au demi-ton suivant, il faut la diéser, et que, pour la descendre, il faut la bémoliser. On voit la gamme chromatique dans la figure suivante :

Dans cet exemple, les notes de la gamme naturelle sont des blanches ; les demi-tons interposés qui rendent la gamme chromatique, sont les noires.

Pour apprendre à chanter une gamme chromatique, il faut bien savoir rendre les intervalles de la gamme diatonique, entonner d'abord ces intervalles, ensuite introduire le demi-ton là où l'intervalle est d'un ton, et tâcher de retrouver toujours avec justesse les sons de la gamme diatonique : c'est le moyen de ne pas s'égarer. Il ne faut pas, pour qu'il y ait *genre chromatique*, que tous les intervalles du diatonique soient divisés en demi-tons, comme nous le voyons dans la gamme ci-dessus ; mais là il y aura genre chromatique, dès qu'un demi-ton viendra s'interposer dan sun intervalle naturel du genre diatonique : ainsi, en abandonnant les noires interposées de UT à SOL, vous aurez le genre diatonique d'une blanche à l'autre ; tandis que de SOL à UT octave, vous aurez le genre chromatique.

168. Le *genre enharmonique* n'est qu'un changement de *ton*, sans que l'intonnation de la note ait changé ; ainsi, en substituant un UT *dièse* à un RÉ *bémol*, on aura un *changement enharmonique :* c'est ce changement de ton dont nous avons parlé en donnant les gammes homologues. (Voyez nᵒˢ 117, 118 et 152.) Le son de la note reste le même, ou du moins, n'est pas changé d'une manière sensible ; mais le *ton*, c'est-à-dire, la *tonique* ou la *note fondamentale* ne reste pas la même. Par exemple, en changeant en UT *dièse*, la gamme en RÉ *bémol*, la tonique est changée, quoique le son représenté par ces deux gammes soit semblable. D'après ce que nous avons dit des gammes homologues aux numéros cités

ci-dessus , on comprend que le compositeur n'a recours au changement enharmonique, que lorsqu'il se trouve engagé dans un trop grand nombre de dièses ou de bémols et désire en sortir.

169. Par le changement enharmonique, on peut substituer au ton abandonné le ton homologue ou un autre ton qui est *relatif* au ton *principal*. (Voyez N° 165.)

Si le changement enharmonique se fait dans le ton homologue, la tonique, la tierce, la quinte et les autres degrés de la gamme du ton abandonné , se retrouvent aux mêmes degrés dans le nouveau ton, comme on peut le voir N°ˢ 117 et 152.

Si le changement enharmonique ne se fait pas dans le ton homologue, le même son ne se retrouve plus au même degré dans le nouveau ton. Prenons pour exemple le RÉ *bémol* changé en UT *dièse :* si RÉ *bémol* est tonique, et que UT *dièse* est aussi la tonique dans le nouveau ton , le changement harmonique s'est opéré dans le ton homologue ; mais si cet UT *dièse,* au lieu de rester tonique, se trouve être la tierce du ton de LA naturel , ou, si par exemple, un LA *bémol,* qui était tonique, se change en SOL *dièse* qui se trouve être quinte du ton de UT *dièse,* en ces cas, le changement enharmonique ne se fait pas dans le ton homologue.

170. Pour bien comprendre ce qui précède, on peut consulter les exemples ci-dessous et les explications qui les suivent :

Ces exemples tirés de l'opéra de *Robert-le-Diable*, par Meyerbeer, offrent deux changemens enharmoniques.

Le premier se voit à l'exemple N° 1. Le passage de C jusqu'à A, est en RÉ *bémol*; à la lettre B, le RÉ *bémol* se change en UT *dièse*; cet UT *dièse* n'est pas la *tonique*, comme le RÉ *bémol* l'a été antérieurement, mais il est devenu *tierce majeure* du ton de LA *naturel*; ton dans lequel se trouve le passage de B à D.

L'auteur a fait ce changement enharmonique, parce que le RÉ *bémol* à la lettre A, était devenu *tierce majeure* du ton de SI *double bémol* dont nous avons parlé N° 110, et, pour éviter ce ton qui est embarrassant par son grand nombre de bémols, il l'a changé en celui de LA *naturel* qui est l'homologue du ton de SI *double bémol*.

A l'exemple N° 2, le passage de C jusqu'à A, est en LA *bémol mineur*; à la lettre B, le LA *bémol* est changé en SOL *dièse* son homologue; mais ce SOL *dièse* n'est plus la tonique, comme l'était le LA *bémol* à la lettre A; il est, au contraire, devenu *quinte* du ton d'UT *dièse mineur*, dans lequel se trouve le passage de B à D.

ARTICLE XV.

De la transposition simple et composée.

171. La *transposition* est un changement par lequel on transporte un air ou une pièce de musique d'un ton dans un autre.

Quand on veut transposer dans un ton quelconque un

morceau composé dans un autre, il s'agit : premièrement d'élever ou d'abaisser la tonique, soit en laissant les notes aux degrés qu'elles occupent, soit en élevant ou en abaissant les notes d'un ou de plusieurs degrés ; secondement d'armer la clef, comme l'exige l'analogie du ton nouveau.

Il résulte de ce qui précède qu'il y a deux espèces de transpositions : la *transposition simple* et la *transposition composée.*

172. La *transposition simple* consiste à élever ou à abaisser la tonique, c'est-à-dire, à changer de ton, sans que la note change de degré. La figure suivante en donne des exemples :

Dans ces exemples, on voit la gamme naturelle A, changée ou transposée en UT *dièse* B, et en UT *bémol* C, sans que la notation ait changé de degré.

173. Si l'on change de ton, en donnant à la tonique un autre degré, c'est-à-dire, en élevant ou en abaissant les notes d'un ou de plusieurs degrés, on a la *transposition composée.*

Pour le chant, on ne doit pas se servir de transposition composée, puisqu'on chante dans le ton que l'on veut sur un son donné pour tonique : ainsi, si l'un avait un air écrit en RÉ, et l'autre le même air en SOL, et qu'on leur donnât un même *son* pour *tonique*, tous deux entonneraient ensemble les mêmes sons, quoique leur air fût noté différemment.

Mais, pour un instrumentiste, il faut connaître les transpositions pour jouer dans un ton, ce qui est noté dans un autre ; car, puisqu'il se guide par les notes qu'il a sous les

14.

yeux ; et, que sur les mêmes notes, son instrument ne rend jamais que les mêmes sons, il faut, en transposant, qu'il se figure d'autres notes, qu'il en exprime de toutes différentes de celles qu'il voit, et qu'il les altère diversemment, selon la différente manière dont la clef doit être armée pour le ton transposé, de sorte que souvent il doit faire des dièses là où il voit des bécarres, ou des bécarres là où il voit des bémols et *vice-versâ*.

La figure suivante offre un exemple de transposition simple aux lettres A, B, et de transposition composée à la lettre C.

A la lettre A, l'exemple est en LA *bémol;* à la lettre B, il est transposé simplement en LA *naturel,* sans qu'une note ait changé de degré. A la lettre C, par la transposition composée, l'exemple est en SI *bémol,* et la notation est montée d'un degré.

174. Quand on transpose un morceau composé en mode mineur, il faut avoir soin de bien marquer le signe accidentel qui forme la note sensible du ton mineur : à cet égard, je renverrai aux N⁰ˢ 147, 149 et 150. Il suffit de bien connaître les gammes des deux modes pour ne pas hésiter dans les transpositions.

175. Pour le chant, on enseigne quelquefois une certaine manière de transposer dont le résultat est de chanter tout morceau en UT *naturel;* dans ce but, on fait considérer le

dernier dièse comme étant la note SI, et le dernier bémol comme étant la note FA. Par exemple, si le morceau est en SOL, considérez le FA *dièse* comme note sensible et le SOL comme UT ou tonique ; de même, si le morceau est en FA, considérez le SI *bémol* comme étant un FA, et FA lui-même deviendra UT ou tonique. De cette manière on chante toujours en UT *naturel*.

Mais ce moyen, qui tend à épargner la peine d'apprendre à connaître les différents tons par les dièses ou les bémols qu'ils contiennent, ne donne pas un résultat avantageux ; car si l'on peut se passer ainsi de connaître le nombre de dièses ou de bémols qui appartiennent à chaque ton, on tombe dans un autre inconvénient qui est de devoir souvent changer le nom des notes ; ce qui équivaut à la connaissance des différentes clefs : en effet, dans le ton de SOL, en considérant le FA *dièse* comme SI, note sensible, le SOL devient un UT : or, quand SOL sur la 2e ligne de la portée doit être considéré comme UT, c'est comme si l'on avait la clef d'UT sur la seconde ligne. De même, si dans le ton de RÉ on considère l'UT *dièse* comme SI, note sensible, le RÉ sera UT ou tonique ; si le RÉ sur la quatrième ligne doit être considéré comme UT, on a la clef d'UT sur la quatrième ligne, ou la clef de ténor.

176. Comme la connaissance des différentes clefs est bien plus difficile à acquérir que la connaissance des tons qui sont tous déterminés par le nombre de dièses ou de bémols, le moyen qui pourrait nous épargner la peine d'apprendre ces différentes clefs, serait évidemment préférable au précédent : nous allons l'indiquer.

Pour le chant, au moyen de la transposition simple, on peut se passer de connaitre les différentes clefs d'UT, et se contenter de la clef de SOL. Quant aux parties en clef de FA, elles doivent rester dans cette clef ; car il faut au moins la clef de SOL et la clef de FA pour noter l'étendue du clavier général, comme nous l'avons vu N° 17. On doit donc, au moins, connaître ces deux clefs ; mais, comme je l'ai dit, on peut, pour le chant, se passer de la connaissance des différentes clefs d'ut : voici les règles à suivre à cet égard :

177. Quand un air est noté en clef de *ténor*, c'est-à-dire, en clef d'ut sur la quatrième ligne, pour le chanter en clef de sol par la transposition simple, *il faut ajouter deux dièses à la clef ou ôter deux bémols, ou quand il n'y a qu'un bémol, ôter le bémol et ajouter un dièse.*

En effet, supposons une gamme en ut *naturel*, écrite selon la clef de ténor, l'ut se trouvera sur la quatrième ligne de la portée, qui est le ré en clef de sol : ajoutez les dièses nécessaires au ton de ré, c'est-à-dire deux dièses, et, sans changer la notation, vous aurez pour la clef de sol une gamme en ré. La figure suivante nous donne l'application de la règle ci-dessus :

A la lettre A, l'exemple se trouve en ut pour la clef de *ténor*, et en ré pour la clef de sol : il a fallu ajouter deux dièses qui sont nécessaires au ton de ré.

A la lettre B, l'exemple se trouve en si *bémol* pour la clef de *ténor*, et en ut pour la clef de sol : ainsi, quand il y a des bémols, il faut en ôter deux : ôter deux bémols ou ajouter deux dièses se réduit à la même opération ; car, de part et d'autre, c'est avancer deux notes d'un demi-ton.

A la lettre C, l'exemple se trouve en fa pour la clef de *ténor*, et en sol pour la clef de sol. Quand il n'y a qu'un bémol, il doit disparaître et l'on ajoute un seul dièse : ce sont encore deux notes avancées d'un demi-ton.

Tout ceci repose sur ce que la notation en clef de sol est

plus élevée d'un degré et *d'un ton*, qu'en clef d'UT sur la quatrième ligne.

178. Si le morceau noté en clef de ténor est en MI ou en SI *naturels*, la clef de sol montant la notation d'un degré, le ton de MI sera transposé en FA et celui de SI en UT : ainsi de quatre dièses on passe en un bémol, et de cinq dièses en UT naturel ; cette exception résulte des deux demi-tons de la gamme naturelle ; mais si l'on veut ne pas s'écarter de la règle générale , considérez la notation comme montée *d'un degré* et aussi *d'un ton*, alors du ton de MI vous passerez en FA *dièse*, et du ton de SI en UT *dièse*, ce qui, de part et d'autre, donne deux dièses de plus et la règle devient générale pour tous les tons.

179. Quand un morceau est en clef *d'alto*, c'est-à-dire, en clef d'UT sur la troisième ligne , pour le chanter en clef de SOL , par la transposition simple , il faut *ajouter deux bémols, si le ton a des bémols, ou est sans dièses ; ou ôter deux dièses, si le ton en contient deux ou plusieurs ; ou ôter le dièse et ajouter un bémol, si le ton a un seul dièse.* Toutes ces opérations se réduisent à la même, puisque dans tous les cas, c'est également reculer deux notes d'un demi-ton.

La raison de cette règle est, qu'en clef d'UT sur la troisième ligne , toutes les notes se trouvent écrites d'un degré plus bas qu'en clef de SOL : ainsi un UT sera pour la clef de SOL un SI *naturel* ou *bémolisé ;* plutôt *bémolisé,* pour éviter un grand nombre de dièses : donc une gamme en UT sera , pour la clef de SOL, une gamme en SI *bémol,* gamme qui demande deux bémols. Ajouter deux bémols ou ôter deux dièses, ôter un dièse, et ajouter un bémol étant une même opération ; puisque ce n'est jamais que descendre deux notes d'un demi-ton , il s'ensuit que la règle ci-dessus est exacte. La figure suivante offre l'application de cette règle :

A la lettre A, l'exemple se trouve en UT pour la clef d'*alto* et si *bémol* pour la clef de SOL, parce que la tonique, qui était UT, se change en SI *bémol*, ton qui demande deux bémols.

A la lettre B, l'exemple se trouve en RÉ par la clef d'*alto*, et en UT par la clef de SOL : la tonique qui était RÉ devient UT pour la clef de SOL, ton qui ne demande aucun signe à la clef.

A la lettre C, l'exemple se trouve en SOL pour la clef d'UT et en FA pour la clef de SOL, ton qui demande un bémol à la clef. Remarquez que les bécarres des exemples A, C, ainsi que les dièses de l'exemple B, ne sont qu'accidentels, c'est-à-dire, qu'ils ne sont pas ici notes sensibles.

180. Quand un morceau se trouve en clef de *contr'alte*, c'est-à-dire, en clef d'UT sur la seconde ligne, pour le chanter en clef de *sol* par la transposition simple, il faut *ajouter un dièse* ou *ôter un bémol*.

La raison de cette règle est que, par la clef de *contr'alte*, toutes les notes se trouvent écrites une quarte plus bas ou une quinte plus haut qu'en clef de SOL : ainsi, une gamme en UT sera pour la clef de SOL une gamme en SOL; une gamme en FA sera transposée en UT par la clef de SOL : il y a donc toujours un dièse à ajouter ou un bémol à ôter. Les exemples de la figure suivante font voir l'application de la règle ci-dessus.

181. Quand un morceau se trouve écrit en clef de *soprano*, c'est-à-dire, en clef d'UT sur la première ligne, pour l'exécuter en clef de SOL par la transposition simple, il faut *ajouter trois bémols ou quatre dièses, ou bien ôter quatre bémols ou trois dièses.*

La raison de cette règle est que, par cette clef d'UT toutes les notes se trouvent écrites deux degrés ou une tierce plus haut qu'en clef de SOL : ainsi une gamme en UT sera une gamme en MI en clef de SOL ; cette gamme peut se prendre en MI *bémol* ou en MI *naturel ;* le premier de ces tons demande *trois bémols,* le second *quatre dièses.* Il n'est pas indifférent d'ajouter trois bémols ou quatre dièses ; car si le ton contient déjà des bémols en y ajoutant trois, le nombre en deviendrait considérable, et souvent il sera préférable d'ôter quatre bémols ou d'en ôter trois et d'ajouter un dièse, ce qui fait également quatre notes avancées d'un demi-ton. On doit toujours se conduire de manière à éviter un grand nombre de dièses ou de bémols, et c'est ce qu'on peut faire, si l'on considère que la règle ci-dessus se réduit à monter quatre notes ou à descendre trois notes d'un demi-ton, bien entendu que l'on suit toujours comme dans toutes ces opérations l'ordre du placement des dièses et des bémols. D'après ceci, les tons donnés par la clef de *soprano* se transposent toujours une tierce plus haut relativement à la clef de *sol,* et peu importe que ce soit une tierce mineure ou majeure : il s'ensuit que le ton d'*ut* se transpose en MI *bémol* ou en MI *naturel.* Le ton de SOL se transpose en SI *bémol* ou en SI *naturel ;* le ton de RÉ se transpose en FA *naturel* plutôt qu'en FA *dièse* pour éviter les six dièses de ce ton, le ton de LA se transpose en UT *naturel,* le ton de MI *naturel* ou *bémol* en SOL *naturel,* le ton de SI *naturel* ou de SI *bémol* en RÉ *naturel ;* le ton de FA *dièse* ou de FA *naturel* en LA *naturel* ou en LA *bémol,* et toutes ces transpositions sont basées sur l'opération qui consiste à monter quatre notes ou à en descendre trois d'un demi-ton. L'exemple suivant offre l'application de cette règle :

A la lettre **A** l'exemple se trouve en ᴜᴛ par la clef de *soprano ;* il se trouve en ᴍɪ *bémol* ou en ᴍɪ *naturel* par la clef de *sol.*

A la lettre **B** l'exemple se trouve, par la clef de *soprano,* ou en ʟᴀ *naturel* ou en ʟᴀ *bémol,* et, par la clef de ꜱᴏʟ, il se trouve en ᴜᴛ.

182. Si les morceaux écrits dans ces différentes clefs d'ᴜᴛ sont en mode mineur, on doit suivre les mêmes règles ; mais on se ressouviendra que le relatif mineur se trouve toujours une tierce mineure au-dessous du relatif majeur, et qu'on peut le reconnaître par la note sensible, comme nous l'avons dit Nᵒ 147, 149 et 150.

183. En résumé, les règles ci-dessus sont toutes établies sur les considérations suivantes : que dans quelque clef d'ᴜᴛ et dans quelque ton que se trouve le morceau, cherchez-en la *tonique ;* voyez quelle note elle donne pour la clef de ꜱᴏʟ, la tonique en clef de ꜱᴏʟ étant connue, ajoutez alors les dièses ou les bémols que demande ce ton, et la transposition simple est faite. Par exemple, le morceau est-il en ᴜᴛ par la clef de *ténor*, la tonique ᴜᴛ sera un ʀᴇ́ pour la clef de ꜱᴏʟ ; ajoutez les deux dièses que demande le ton de ʀᴇ́, et le morceau sera transposé.

ARTICLE XVI.

De la corde tendue et du tempérament.

184. Nous avons toujours considéré, jusqu'à présent, les gammes homologues comme représentant les mêmes sons : ainsi, nous avons envisagé comme parfaitement semblables un UT *dièse* et un RÉ *bémol*, un RÉ *dièse* et un MI *bémol*, un SI *dièse* et un UT *naturel*, etc.

Toutes ces notes cherchées séparément sur une corde tendue et selon ses vibrations naturelles, sont loin d'être semblables en son.

Pour comprendre qu'il existe une différence entre deux notes homologues, et pour la chercher, il faut connaître les points fixes dans lesquels une corde sonore mise en vibration se divise.

Quand une corde sonore est mise en vibration, elle ne donne pas dans toute sa longueur les mêmes oscillations ; elle donne des points plus ou moins immobiles que l'on nomme *nœuds* : c'est à ces nœuds que se trouvent les sons *harmoniques* dont l'effet est plus doux, et que l'on obtient en y touchant légèrement la corde sans l'y arrêter, et en la mettant en vibration.

Pour rechercher les nœuds d'une corde sonore, on se sert ordinairement d'un instrument nommé *monocorde,* qui est fait d'une caisse en sapin, longue et étroite, sur laquelle est une corde que l'on peut tendre à volonté ; sur la table de cette caisse doit se trouver un chevalet mobile qui puisse être porté d'un bout à l'autre de la corde, afin d'en réduire la longueur à volonté. On peut faire aussi ces expériences sur tout autre instrument à corde sonore, tel que la guitare, la harpe, etc.

185. Supposons que la corde tendue rende le son d'UT : si on l'arrête au sixième de sa longueur, on obtient le son de MI *bémol* qui est celui de la tierce mineure. En la touchant légèrement ou en l'arrêtant au cinquième de sa longueur, on obtient la tierce majeure qui est MI *naturel ;* en la touchant légèrement au quart, elle rend le son harmonique UT ; si on l'arrête à ce point, on obtient le FA qui est la quarte. Touchée ou arrêtée au tiers, on obtient la quinte SOL. Touchée ou arrêtée à la moitié de sa longueur, on obtient l'octave de la corde entière.

Sur le monocorde on peut d'avance marquer ces divisions, et, en y portant le chevalet mobile, on sera convaincu de la vérité de ces données ; on les voit toutes dans les fractions suivantes : le chiffre 1 marque la corde entière.

UT. 1. moins 1/6 égale MI *bémol,* reste en vibration 5/6.
UT. 1. moins 1/5 égale MI *naturel,* reste en vibration 4/5.
UT. 1. moins 1/4 égale FA , reste en vibration 3/4.
UT. 1. moins 1/3 égale SOL . reste en vibration 2/3.

Sur tout instrument à clavier il n'y a qu'une seule et même touche pour le RÉ *double bémol,* le SI *dièse* et l'UT *naturel :* cependant les sons donnés d'après le calcul des vibrations naturelles d'une corde sonore, ne sont pas les mêmes. Il sera prouvé par le calcul que nous allons faire que le RÉ *double bémol* est un son plus haut et que le SI *dièse* est un son plus bas que l'UT *naturel.*

Si nous procédons successivement par 1/6, c'est-à-dire, si, après avoir retranché 1/6 de la corde UT, nous considérons les 5/6 restants comme une corde nouvelle, et que nous retranchions successivement 1/6 de la partie qui reste, nous procéderons par tierces mineures consécutives.

Si, après avoir ôté 1/5 de la corde tendue UT, nous considérons les 4/5 restants comme corde nouvelle, et que successivement nous retranchions 1/5 de la partie restante, nous procéderons par tierces majeures consécutives : or, quatre tierces mineures ou trois tierces majeures consécutives font une octave juste sur les instruments à clavier, tandis que, d'après le calcul donné par les vibrations naturelles d'une corde sonore, les quatre tierces mineures dépassent l'octave et les trois tierces majeures consécutives n'y arrivent pas ; en voici la démonstration :

187. Supposons que la corde tendue UT soit divisée en 360 degrés égaux,

1° Pour obtenir le MI *bémol*, tierce mineure de UT, il faudra retrancher 1/6 de 360 : la partie qui reste en vibration et qui donne MI *bémol*, sera donc de 300 degrés.

2° Pour trouver le SOL *bémol*, qui est la tierce mineure de MI *bémol*, il faut ôter 1/6 de 300 : la partie qui reste en vibration et qui donne SOL *bémol*, sera donc de 250 degrés.

3° Pour obtenir le SI *double bémol*, qui est la tierce mineure de SOL *bémol*, il faudra de même retrancher 1/6 de 250 : la partie restante qui donnera ce SI *double bémol*, sera de la longueur de 208 degrés et 1/3.

4° Pour obtenir le RÉ *double bémol*, qui est la tierce mineure de SI *double bémol*, il faut encore retrancher 1/6 de 208 1/3 : la corde qui donnera ce RÉ *double bémol*, ne sera que de la longueur de 173 degrés 11/18.

Ce RÉ *double bémol* devrait être l'UT *naturel* lui-même qui se trouve à la moitié de la corde ou à 180 degrés : la corde 173 11/18 étant plus courte que celle de 180, il s'en suit que les quatre tierces mineures consécutives dépassent l'octave ou la moitié de la corde de 6 degrés 7/18.

188. Pour avoir trois tierces majeures consécutives, nous partirons du même point.

1° Pour obtenir MI *naturel*, tierce majeure d'UT, il faut retrancher 1/5 de 360 : la corde qui donnera ce MI *naturel*, sera de la longueur de 288 degrés.

2° Pour le SOL *dièse*, qui est tierce majeure de MI, il faut ôter 1/5 de 288 : la corde qui donnera ce SOL *dièse*, sera de la longueur de 230 degrés 2/5.

3° Pour trouver le SI *dièse*, qui est la tierce majeure de

sol *dièse*, il faut retrancher 1/5 de 230 2/5 : la corde qui donnera ce si *dièse*, sera de la longueur de 184 degrés 8/25.

Ce si *dièse* devrait être l'ut *naturel* lui-même qui se trouve à la moitié de la corde ou à 180 degrés : la corde de 184 degrés 8/25 étant plus longue que celle de 180, il s'en suit que les trois tierces majeures consécutives n'arrivent pas à l'octave et restent en-dessous de la moitié de la corde de 4 degrés 8/25.

Pour tempérer ces deux espèces de tierces de manière à arriver juste à l'octave qui est un point invariable, comme étant l'unisson du premier ut, il faut affaiblir un peu les tierces mineures et renforcer un peu les tierces majeures.

189. Le *tempérament* est donc une opération par laquelle, au moyen d'une légère altération dans les intervalles, faisant évanouir la différence de deux sons voisins, on les confond en un seul, qui, sans choquer l'oreille, forme les intervalles respectifs de l'un et de l'autre.

Si l'on calculait les quartes et les quintes consécutives, comme nous l'avons fait pour les tierces majeures et mineures, on trouverait que les quartes doivent être un peu renforcées et les quintes un peu affaiblies.

Dans le principe on pouvait entonner les sons tels que la nature des vibrations nous les indique ; cette sévérité ne nuisait pas ; car l'étendue du système musical se bornait à bien peu de cordes et présentait des modulations bien simples ; mais aujourd'hui que les modulations sont compliquées et présentent des transitions subites et presque dans tous les tons, il faut établir entr'eux une telle liaison, que le tempérament est devenu nécessaire, et l'on ne peut s'en passer pour les instruments à clavier ou à cases.

D'ailleurs le tempérament ne rend guère les notes fausses ; l'oreille la plus délicate aura même de la peine à s'apercevoir que les douze demi-tons de l'octave ont subi quelque altération, puisque ces douze demi-tons ne reçoivent proportionnellement entr'eux qu'une modification de 6 à 7 trois-cent-soixantièmes, comme on le voit par la différence de 173 11/18ᵉ à 180.

Certaines personnes prétendent opérer le tempérament en divisant le ton en neuf parties qu'on nomme *comma*, de manière à ce que certains demi-tons ayent cinq comma, certains autres seulement quatre ; mais je dirai avec **J. J.** Rousseau que les musiciens qui s'expriment ainsi, ne savent pas ce qu'ils veulent dire, puisqu'ils ne démontrent pas de quel principe ils partent pour en agir ainsi. Si c'est leur ouïe qui leur a fait inventer une pareille division, ils devaient avoir l'oreille bien délicate pour avoir entendu dans l'intervalle d'un ton neuf nuances différentes, chose qui n'est appréciable que par le calcul.

190. Peut-être l'emploi du monocorde pourrait-il servir à accorder des instruments à clavier et à touches, lorsque d'avance on aurait tracé sur la tablette des lignes parallèles correspondant exactement aux douze demi-tons compris dans une octave et modifiés par le tempérament, le chevalet mobile serait porté successivement à chacun de ces douze demi-tons, et on ne devrait qu'accorder à l'unisson.

Il ne s'agirait que de connaître avec précision l'espace qu'on doit laisser entre les lignes parallèles ; ce n'est pas l'expérience qu'on peut consulter ici pour établir les douze demi-tons de la gamme proportionnellement égaux, mais le calcul.

La table suivante indique les degrés qu'on doit laisser entre ces parallèles pour produire les douze demi-tons de la gamme par tempérament égal, bien entendu qu'on doit varier la grandeur des degrés d'après la longueur de la corde qui doit se diviser en 444 degrés égaux.

	UT *naturel*	0	sillet.	reste 444	degrés	en vibration.
1.	UT *dièze*	24	degrés.	id. 420	id.	id.
2.	RÉ *naturel*	23	id.	id. 397	id.	id.
3.	RÉ *dièze*	22	id.	id. 375	id.	id.
4.	MI *naturel*	21	id.	id. 354	id.	id.
5.	FA *naturel*	20	id.	id. 334	id.	id.
6.	FA *dièze*	19	id.	id. 315	id.	id.
7.	SOL *naturel*	18	id.	id. 297	id.	id.
8.	SOL *dièze*	17	id.	id. 280	id.	id.
9.	LA *naturel*	16	id.	id. 264	id.	id.
10.	LA *dièze*	15	id.	id. 249	id.	id.
11.	SI *naturel*	14	id.	id. 235	id.	id.
12.	UT *naturel*	13	id.	id. 222	id.	id.
	Total	222		reste 222	id.	id.

Par cette manière de diviser la corde tendue , on obtient les douze demi-tons tempérés , de manière à être proportionnellement justes et à aboutir précisément au point de l'octave qui se trouve à la moitié de la corde, ou au 222e degré.

Du reste , le chevalet mobile doit être disposé de manière à arrêter la corde sans en changer la tension ; car on ferait hausser le son , si elle devait décrire un arc pour atteindre le chevalet.

La division qui précède donne les demi-tons de toute une octave, mais une fois arrivé à ce point, si l'on veut continuer à marquer les parallèles ou les cases, il faut considérer la demi-corde qui reste comme une corde nouvelle et partager la division de 222 en 444 degrés, c'est-à-dire, diviser chaque degré en deux. C'est alors seulement qu'on peut procéder, comme on l'a fait, sur la corde entière : ainsi l'UT *dièze* à l'octave aura 24 demi-degrés, le RÉ *naturel* 23, etc. ; il va sans dire que, quand on agit sur une corde, qui est la moitié de la précédente , la division en 444 degrés soit plus petite de moitié.

CHAPITRE TROISIÈME.

Des Accords.

ARTICLE I.

Intervalles des notes, relativement à la tonique.

191. La connaissance des intervalles est une chose essentielle pour apprendre les accords et leurs renversements. Nous avons vu, N° 70, que, dans l'intervalle, on ne considère que la distance qui se trouve entre les deux termes. A prendre ce mot dans son sens le plus général, il est évident qu'il y a une infinité d'intervalles ; mais, comme, en musique, on borne le nombre des sons à ceux qui composent un certain système, on limite aussi par-là le nombre des intervalles à ceux que les sons peuvent former entre eux dans une seule octave ; de sorte qu'en combinant les degrés que donnent les notes d'une gamme relativement à la tonique, on aura tous les intervalles possibles.

Pour bien connaître les intervalles, il faut les apprendre de deux manières : 1° savoir les intervalles que donne chaque note relativement à la tonique ou à la note fondamentale de toute gamme et, par induction, trouver les intervalles que donnent les altérations de chacune des notes de la gamme relativement à la première. C'est ce qui forme l'objet du présent article ; 2° savoir aussi les intervalles qui se trouvent entre deux notes quelconques prises isolément. Ceci formera l'objet de l'article suivant qui traite des intervalles en général.

192. Les intervalles sont spécifiés par sept dénominations, savoir : *mineur, majeur, juste, diminué, augmenté, unisson* et *octave*. L'*unisson* et l'*octave* ne sont pas, à proprement parler, des intervalles, puisqu'ils désignent des sons qui se confondent, tandis que tout intervalle suppose deux sons différents.

Le mot *juste* ne s'emploie que pour désigner l'intervalle entre la *tonique* d'une gamme et la *quarte* ou la *quinte*, tant dans le mode majeur que dans le mode mineur : ainsi, de UT à FA il y a *quarte juste,* de UT à SOL il y a *quinte juste ;* il en est de même pour le mode mineur de LA à RÉ et de LA à MI.

Tous les autres degrés de la gamme majeure, relativement à la tonique, sont tous *majeurs ;* ainsi de UT à RÉ il y a *seconde majeure ;* de UT à MI, *tierce majeure ;* de UT à LA *sixte majeure,* et de UT à SI *septième majeure.* La figure suivante indique tous les intervalles du mode majeur ; car ce que nous disons pour le ton d'UT, s'applique aux autres tons majeurs.

Remarquez que la dénomination de *juste* ne se donne qu'à la quarte et à la quinte qui sont précisément les deux toniques secondaires du ton.

193. Par ce qui précède, nous pouvons établir la règle suivante : Voulez-vous savoir si entre deux notes l'intervalle est *majeur* ou *juste,* considérez la première des deux comme tonique ou première d'une gamme majeure, et voyez si la seconde note se trouve être un des intervalles majeurs ou

juste de cette gamme. Par exemple, entre MI et UT *dièse*, il y a *sixte majeure*, parce que MI, considéré comme tonique ou première de la gamme en MI, aura pour sixte majeure UT *dièze*. Cette règle est sans exception.

Les intervalles se divisent en *directs* et *renversés* : nous nommerons intervalles *directs* ceux qui sont produits par chaque note relativement à la tonique. Nous n'avons que six intervalles, comme on le voit figure ci-dessus ; on pourrait même les réduire à trois, en considérant les trois derniers comme étant le renversement des trois premiers ; mais pour le moment, nous en admettons six, pour agir sur tous les intervalles de la gamme.

Commençons par les intervalles directs ; nous parlerons ensuite de leur renversement.

Tout intervalle *majeur* devient *mineur*, tout intervalle *juste* devient *diminué*, en diminuant l'intervalle d'*un demi-ton* ; ce qui peut se faire soit en diésant la première des deux notes, soit en bémolisant la seconde, comme on le voit à la figure suivante :

195. Tout intervalle *majeur* ou *juste* devient *augmenté*, en augmentant l'intervalle d'*un. demi-ton*. Ce qui peut se faire soit en bémolisant la première des deux notes, soit en diésant la seconde. La figure suivante le démontre :

Remarquez qu'il n'y a pas de *septième augmentée* ; car ce serait l'octave elle-même.

196. Ce qui précède étant connu, il s'agit d'établir les règles relatives au renversement de ces intervalles.

Dans le renversement, il faut envisager le *degré* et l'*intervalle*.

1° Quant au degré, par le renversement il se fait que : *a.* toute *seconde* devient *septième*, *b.* toute *tierce* devient *sixte*, *c.* toute *quarte* devient *quinte*, *d.* toute *quinte* devient *quarte*, *e.* toute *sixte* devient *tierce*, *f.* et toute *septième* devient *seconde*. Le chiffre du degré renversé joint à celui du renversement, s'élèvent toujours ensemble à *neuf*. L'application de ce que nous venons de dire se voit à la figure suivante :

2° Quant à l'intervalle, le renversement opère comme suit :

a. Tout intervalle *majeur* devient *mineur*, et réciproquement tout *mineur* devient *majeur*.

b. Tout intervalle *juste* reste *juste*.

c. Tout intervalle *diminué* devient *augmenté*, et réciproquement tout *augmenté* devient *diminué*.

On trouve ci-dessous l'application de ces règles.

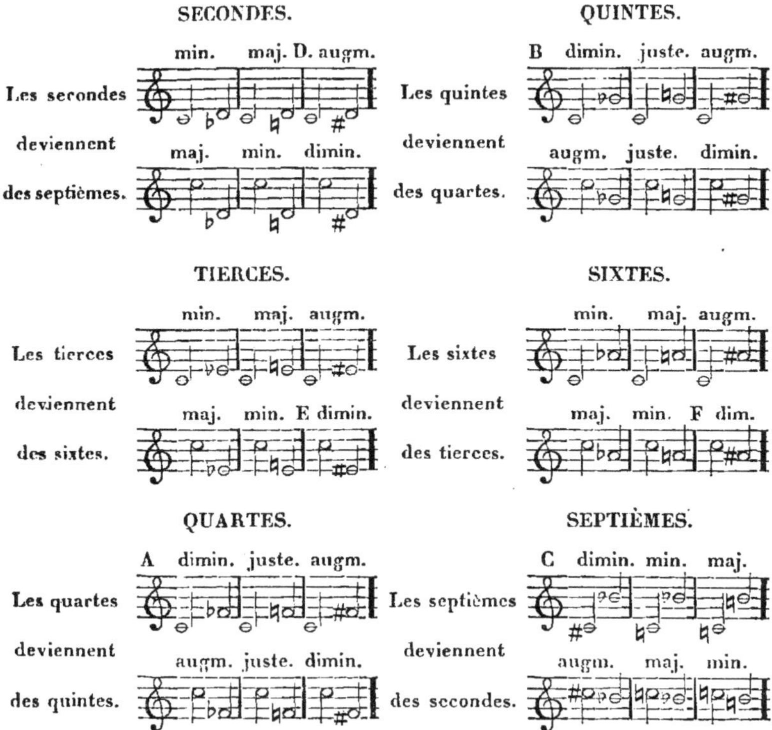

197. Remarquez dans ce tableau :

I. Que les intervalles *justes,* qui sont la *quarte* et la *quinte,* ne peuvent devenir *mineurs,* mais bien *diminués,* comme on le voit lettres A et B, parce que leur renversement produit une *quarte* et une *quinte augmentées.*

II. Qu'il n'y a pas de *seconde,* de *tierce* ni de *sixte diminuées;* que les seuls intervalles diminués sont la *quarte,* la *quinte,* et, par exception, la 7e qu'on voit à la lettre C, et qui résulte du renversement de la *seconde augmentée*, comme on le voit lettre D.

III. Que la *sixte* et la *tierce diminuées* qu'on voit lettres E, F, et qui proviennent du renversement de la *tierce* et de la *sixte augmentées*, sont des intervalles qu'on n'emploie pas dans l'harmonie simple, parce que l'étendue de la *sixte diminué* correspond à celle d'une *quinte juste*, et celle de la *tierce diminuée* à celle d'une *seconde majeure*.

IV. Qu'on n'emploie que quatre intervalles augmentés, deux qui proviennent des intervalles justes qui sont la *quarte* et la *quinte augmentées*, et deux qui proviennent, par exception, des intervalles majeures, et qui sont la *seconde augmentée* donnée par le renversement de la 7me diminuée, et enfin la *sixte augmentée*.

Tout ce qui vient d'être dit, est basé sur la règle énoncée N° 193, qui donne le moyen de s'assurer si un intervalle est *majeur* ou *juste;* et, en conséquence de cette règle, celles données aux numéros suivants, font connaître quand les intervalles sont *augmentés* ou *diminués*, et quels résultats produisent leurs renversements.

Avec ces connaissances on peut étudier l'article suivant qui traite des intervalles en général, ainsi que de la manière de les connaître et de les chiffrer.

ARTICLE II.

Des intervalles en général; manière de les connaître et de les chiffrer.

198. On entend par *chiffres* certains caractères qu'on place au-dessus de la note de basse pour indiquer quelles notes elle doit porter pour accord.

Les accords n'étant composés que de divers intervalles,
il faut commencer par apprendre à chiffrer les intervalles
avant de chiffrer les accords.

Nous avons vu N° 191 et suivants, qu'on doit considérer dans les intervalles le degré et l'intervalle lui-même.

Rien de plus facile que de chiffrer le degré : y a-t-il une
seconde entre deux notes, on le chiffre par 2 ; est-ce une
tierce, on met 3, et ainsi de suite, comme l'indique la
figure suivante :

Mais c'est précisément parce que les chiffres ne déter-
minent le plus souvent que les degrés, qu'ils sont impar-
faits, et qu'on ne peut guère en tirer quelque utilité qu'a-
vec une parfaite connaissance des intervalles. A quoi sert,
par exemple, de voir sur une note un 3 que l'on saurait
indiquer une *tierce majeure* ou *mineure*, selon le mode,
si l'on ne sait quelle note il faut prendre pour établir cet
intervalle de tierce majeure ou mineure? Que fera-t-on
d'un 5 précédé d'une petite *croix* qui est le caractère de
l'intervalle augmenté, si l'on ne sait par quelle note on
établit cet intervalle augmenté?

Nous allons donc nous occuper ici de la manière de connaitre et d'établir les intervalles, en donnant en même temps
la manière de les chiffrer.

Pour former un intervalle, il faut deux notes : nous
nommerons *premier terme* la note *inférieure*, et *second terme*
la note *supérieure* qui détermine l'intervalle.

Les règles qui vont suivre ont une grande importance;
on ne saurait trop se les graver dans la mémoire.

199. Tous les intervalles peuvent se réduire à trois espèces, savoir: le *majeur*, le *juste* et l'*augmenté*. Le *mineur* résulte du renversement du majeur, le *diminué* résulte du renversement de l'*augmenté*, le *juste* reste *juste*.

INTERVALLES MAJEURS ET MINEURS.

200. Les intervalles majeurs et mineurs peuvent se réduire à *deux* seulement, savoir: la *seconde* et la *tierce*; la *septième* et la *sixte* ne sont que leur renversement.

Il suit de là que les règles applicables aux intervalles de *seconde* et de *tierce mineures*, le seront, par renversement, à la *septième* ou à la *sixte majeures*; que celles applicables à la *seconde* ou à la *tierce majeures*, le seront à la *septième* ou la *sixte mineures*.

a. SECONDES MINEURES ET SEPTIÈMES MAJEURES.

RÈGLE.

201. Quand le premier terme est une note *naturelle*, celle du second doit être *bémolisée*, ou, ce qui revient au même, si le premier est une note *diésée*, le second doit être une note *naturelle*.

EXCEPTIONS.

Il y en a deux qui frappent sur les deux demi-tons de la gamme naturelle : ainsi de MI à FA, comme de SI à UT, il y a *seconde mineure*, quoique les deux notes soient naturelles. Il en serait de même si les deux termes de ces *secondes mineures* étaient *diésés* ou *bémolisés*.

L'inverse de cette règle a lieu pour l'intervalle de *septième majeure* qui n'est que le renversement de la *seconde mineure*.

RÈGLE.

Quand le premier terme de l'intervalle est une note *bémolisée*, celle du second terme qui forme septième majeure est une note *naturelle,* ou, ce qui revient au même, quand le premier terme est une note *naturelle,* le second doit être une note *diésée.*

EXCEPTIONS.

Ce sont les mêmes que ci-dessus, mais elles sont renversées; ainsi de FA à MI et de UT à SI il y a *septième majeure,* quoique les deux termes soient des notes naturelles.

La figure suivante démontre l'application de ces règles, et les exceptions.

SECONDES MINEURES ET 7mes MAJEURES.

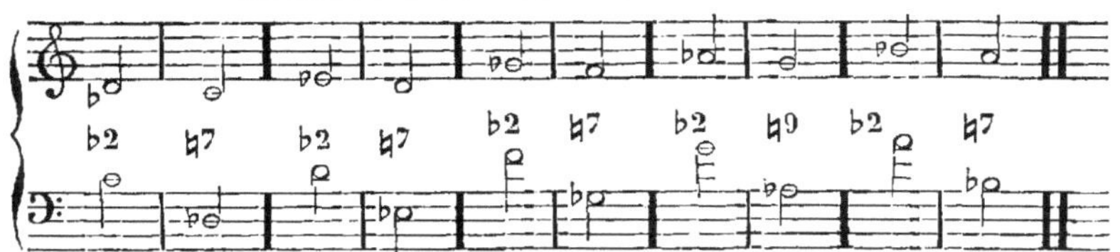

SECONDES MINEURES ET 7mes MAJEURES.

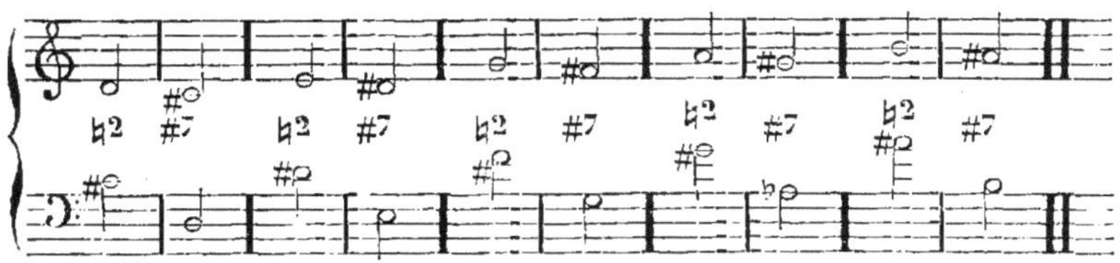

EXCEPTIONS.

Dans les intervalles majeurs ou mineurs, le dièse, le bécarre ou le bémol se placent au chiffre, mais seulement quand la clef ne les indique pas.

SECONDES MAJEURES ET SEPTIÈMES MINEURES

RÈGLE.

202. Le second terme doit suivre la condition du premier, c'est-à-dire, que, comme lui, il doit être une note *naturelle,* ou *diésée,* ou *bémolisée.*

Cette règle s'applique aux *septièmes mineures,* comme aux *secondes majeures,* puisqu'il n'y a que renversement.

EXCEPTIONS.

Il y en a deux qui résultent des deux demi-tons de la gamme naturelle ; pour avoir une *seconde majeure* de MI à FA et de SI à UT il faut *diéser le second terme,* ou *bémoliser le premier :* de même, pour avoir une *septième mineure* de FA à MI, et de UT à SI, il faut *diéser le premier terme* ou *bémoliser le second.*

Les exemples donnés par la figure suivante suffiront pour voir l'application de la règle qui précède, ainsi que les exceptions.

SECONDES MAJEURES OU 7mes MINEURES.

EXCEPTIONS SUR SI, MI.

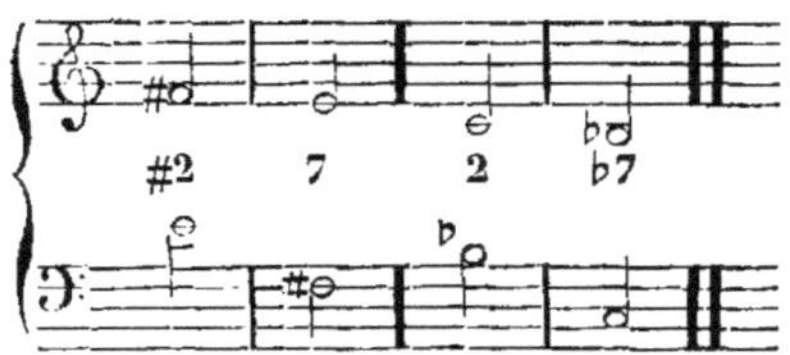

b. **TIERCES MINEURES, SIXTES MAJEURES.**

203. Les notes de la gamme naturelle disposées par tierces donnent *tierce majeure* sur UT, FA et SOL, c'est-à-dire, sur la tonique principale et sur les deux toniques secondaires : ainsi on a UT MI, FA, LA, et SOL SI, qui sont trois *tierces majeures*. Sur les quatre autres notes de la gamme, qui sont RÉ, MI, LA et SI, on trouve des *tierces mineures,* qui, renversées, seront des *sixtes majeures.* Ces observations donnent lieu aux règles qui vont suivre.

RÈGLE.

Pour former *tierce mineure* sur les notes SI, MI, LA, RÉ, ou *sixte majeure* sur les notes RÉ, SOL, UT, FA, le second terme doit suivre la condition du premier : c'est-à-dire, que, comme lui, il doit être une note *naturelle ,* ou *diésée* ou *bémolisée.*

EXCEPTIONS.

Il y en a trois qui résultent des trois *tierces majeures* qui se font dans la gamme naturelle. Si l'on veut avoir une *tierce mineure* sur les notes UT, FA et SOL, le second terme doit être *bémolisé* ou le premier *diésé.* Le renversement de ces *tierces mineures* donnera des *sixtes majeures.*

L'application de la règle ci-dessus, ainsi que ses exceptions, se trouvent aux figures suivantes.

TIERCES MINEURES SUR SI, MI, LA, RÉ. — SIXTES MAJEURES
SUR RÉ, SOL, UT, FA.

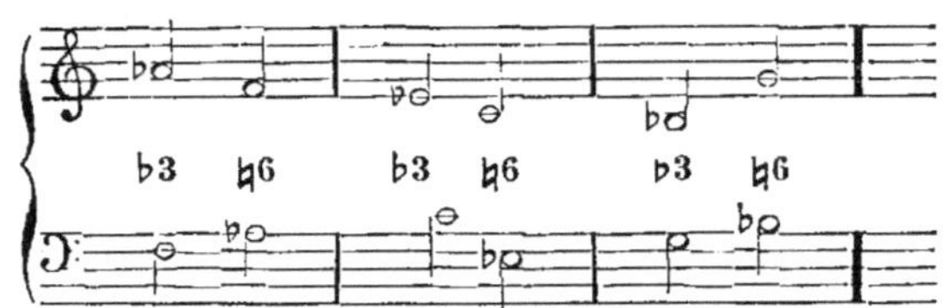

TIERCES MAJEURES, SIXTES MINEURES.

204. La règle précédente fait déjà connaître celle qui va suivre: le grand nombre devant faire la règle et le petit l'exception, nous partirons encore des notes SI, MI, LA, RÉ.

RÈGLE.

Pour former *tierce majeure* sur les notes SI, MI, LA, RÉ, le premier terme doit être *bémolisé,* ou le second *diésé;* ou par renversement, pour former *sixte mineure* sur les notes RÉ, SOL, UT, FA, le premier terme doit être *diésé* ou le second *bémolisé.*

EXCEPTIONS.

Les trois exceptions tombent encore sur les notes FA, UT, SOL qui *naturelles,* ou *diésés* ou *bémolisées,* auront pour *tierce majeure* une note qui suit la condition du premier terme, c'est-à-dire, qui, comme lui, sera une note *naturelle* ou *diésée* ou *bémolisée.*

L'application de la règle ci-dessus, avec les exceptions, se voit aux figures suivantes.

EXCEPTIONS RELATIVES A FA, UT, SOL.

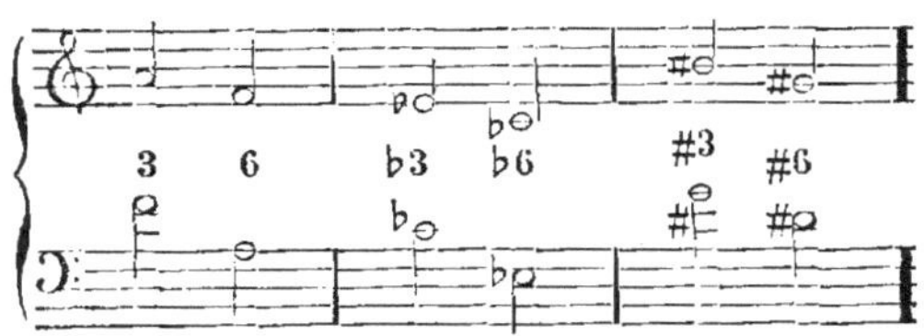

En général les tierces et sixtes majeures ou mineures,
dont les deux termes suivent la même condition, c'est-à
dire, dont les deux termes sont des notes *naturelles* ou
diésées; ou bémolisées, se font comme suit:

1º Les notes SOL, UT, FA, sont chacune premier terme
d'une *tierce mineur,* ou second d'une *sixte mineure.*

2º Les notes SI, MI, LA, RÉ, sont chacune premier terme
d'une *tierce mineure,* et second terme d'une *sixte majeure.*

INTERVALLES AUGMENTÉS ET DIMINUÉS.

205. Avant d'établir les règles relatives aux intervalles
augmentés et *diminués,* il est nécessaire de faire quelques
observations très-importantes; savoir:

Comme nous l'avons dit Nº 192, dans le mode majeur

tout intervalle, relativement à la tonique, est majeur ou juste.

Tout intervalle *majeur* peut devenir *mineur*, comme on le voit N° 194; mais les intervalles *majeurs* ne peuvent devenir *diminués:* la seule exception est pour la *septième diminuée*. Les seuls intervalles qui puissent devenir *diminués*, sont donc les intervalles *juste* qui sont la *quarte* et la *quinte*, et, par exception, la *septième*.

Quant aux intervalles *augmentés*, il n'en existe que quatre, deux qui proviennent des intervalles justes qui sont la *quarte* et la *quinte*, et deux qui proviennent, par exception, des intervalles majeurs qui sont la *seconde augmentée* résultant du renversement de la *septième diminuée*, et enfin la *sixte augmentée*.

Nous disons que deux des intervalles majeurs seulement, qui sont la *seconde* et la *sixte* peuvent devenir *augmentés*. En effet : il n'y a pas de *tierce augmentée;* ce serait le renversement de la *sixte diminuée* qui n'existe pas, parce que les intervalles majeurs deviennent bien mineurs, mais non *diminués :* il n'y a pas non plus de *septième augmentée*, car ce serait l'octave elle-même. Ce sont justement les deux demi-tons du mode majeur qui ne peuvent devenir *augmentés ;* car ces demi-tons, comme notes sensibles, tomberaient sur la tonique suivante.

Au résumé, tous les intervalles majeurs peuvent devenir mineurs , mais non *augmentés*, excepté la *seconde* et la *sixte*, et jamais *diminués*, excepté la *septième*.

Les intervalles justes peuvent devenir *diminués* ou *augmentés*, mais jamais *mineurs*, ni *majeurs*.

206. Le caractère qui sert à désigner l'intervalle augmenté, est une petite *croix* mise à la gauche du chiffre; celui qui indique l'intervalle diminué est une petite *barre* qui traverse le chiffre, comme nous le verrons dans les exemples suivants.

207. Pour ces intervalles on n'a jamais besoin, n'importe dans quel ton, de joindre au chiffre ni dièse, ni bémol,

ni bécarre. En effet, dans tous les accords et leurs renversements qui donnent des intervalles diminués, la basse
ou le premier terme, comme dans les intervalles augmentés, le second terme, sont toujours *note sensible* de quelque ton: or nous savons que toute note sensible est un
dièse pour les tons avec dièses, et un *bécarre* pour les tons
avec bémols : la seule exception frappe sur le ton d'UT
qui a pour note sensible une note naturelle, quoiqu'il n'y
ait pas de bémol à la clef ; donc la petite *croix* placée
devant le chiffre, ou le chiffre *barré* suffit.

De tout ce qui précède nous tirons les règles qui vont
suivre :

a ## INTERVALLES AUGMENTÉS.

RÈGLE.

208. Si le premier terme est une note *naturelle*, le second doit être une note *diésée ;* si le premier terme est
une note *bémolisée*, le second sera une note *naturelle*.

EXCEPTIONS.

1° *Secondes augmentées.* Les exceptions frappent sur MI
et SI; MI et FA, comme SI et UT, ne formant qu'un demi-
ton, en bémolisant le premier terme ou en diésant le second,
on n'obtient encore qu'une *seconde majeure;* mais pour la
rendre *augmentée*, il faut bémoliser le premier terme et diéser
le second; ainsi de MI *bémol* à FA *dièse*, comme de SI *bé-*
mol à UT *dièse*, il y a une *seconde augmentée.*

2° *Quarte augmentée.* La seule qui s'écarte de la règle
est la quarte augmentée qui existe entre FA SI, quoique
les deux notes soient naturelles; elle résulte du renversement de la *quinte diminuée* qui existe de SI à FA.

3° *Quinte augmentée.* La seule exception frappe sur la
quinte diminuée SI-FA ; en bémolisant le premier terme ou

en diésant le second, on n'a encore qu'une *quinte juste*: il faut faire l'un et l'autre pour obtenir une *quinte augmentée*.

4° *Sixtes augmentées.* Les tierces majeures sur les notes FA-UT-SOL, dont nous avons parlé N° 204, étant renversées, donnent des sixtes mineures sur les notes SI-MI-LA qui sont SI-SOL, MI-UT et LA-FA : bémoliser le premier terme ou diéser le second, ne donne encore qu'une *sixte majeure:* il faut faire l'un et l'autre pour obtenir une *sixte augmentée.*

Les exceptions ci-dessus se trouvent notées à la figure suivante:

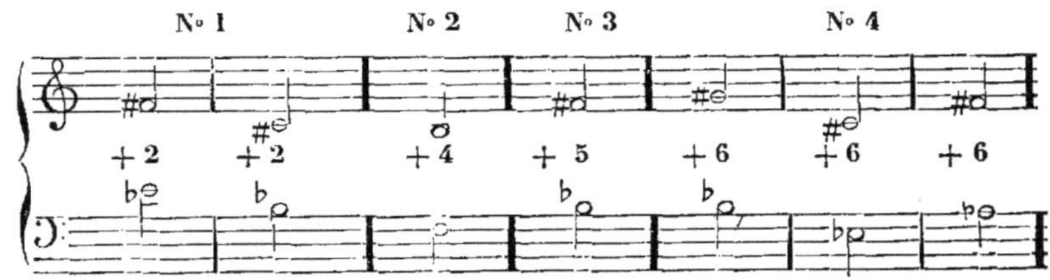

INTERVALLES DIMINUÉS.

RÈGLE.

209. Si le premier terme est une note *diésée*, le second sera une note *naturelle*, ou si le premier est une note *naturelle*, le second doit être une note *bémolisée*.

EXCEPTIONS.

1° *Septième diminuée.* Il y a septième diminuée de FA dièse à MI *bémol* et de UT dièse à SI *bémol:* ainsi, quoique le premier terme soit une note *diésée*, le second est une note *bémolisée* au lieu de *naturelle;* c'est le renversement de l'exception marquée à la règle précédente (1°).

2° *Quinte diminuée.* Il y a quinte diminuée de SI à FA; le second terme n'est pas une note *bémolisée*, quoique la

première soit *naturelle*. C'est encore le renversement de
l'exception marquée au N° 2 de la règle précédente.

3° *Quarte diminuée.* Pour avoir quarte diminuée de FA
à SI, il faut non-seulement *diéser* le FA, mais encore *bémoliser* le SI, parce que de FA à SI il y a *quarte augmentée.* C'est aussi le renversement de l'exception marquée au
N° 3 de la règle qui précède.

Il n'y a pas d'exception pour la *tierce diminuée*, ni
pour la *sixte diminuée*, puisque ces intervalles n'existent
pas, comme nous l'avons dit N° 205. Les exceptions ci-
dessus se voient notées à la figure suivante d'après le N°
dont elles sont marquées ici:

INTERVALLES JUSTES.

210. Il n'y a proprement dit qu'un seul intervalle juste
qui est la *quinte;* la *quarte juste* n'est que son renversement. Il suit de là que la règle ci-dessous s'appliquera à
la quarte, comme à la quinte.

RÈGLE.

Si le premier terme est une note *naturelle diésée* ou
bémolisée, le second terme suit la condition du premier,
c'est-à-dire, que, comme lui, il doit être une note *naturelle* ou *diésée* ou *bémolisée*.

EXCEPTION UNIQUE.

Il n'existe à cette règle qu'une seule exception qui provient de la *quinte diminuée* qui se trouve dans la gamme nuturelle de SI à FA : veut-on avoir une *quinte juste,* il faut *bémoliser* le SI ou *diéser* le FA. Ou, par le renversesement, veut-on avoir une quarte juste de FA à SI, il faut *diéser* le FA ou *bémoliser* le SI.

ARTICLE III.

Origine des accords.

211. Plusieurs sons résonnant ensemble forment un tout harmonique que l'on nomme *accord.*

Castil-Blaze dans son dictionnaire de musique, au mot accord, fait résulter les accords de la combinaison des sons harmoniques que donne une corde sonore ; il s'exprime ainsi :

« Le son harmonique que l'on trouve à la moitié de la corde tendue que l'on nommera *sol,* donne un *sol* à l'octave du premier. Le tiers de la corde donne RÉ à l'octave de la quinte du premier SOL. Le quart donne SOL à la double octave ; le cinquième de la corde donne le son harmonique SI à la double octave de la tierce ; le sixième donne RÉ, octave du RÉ donné par tiers de la corde ; le septième de la corde donne le son harmonique FA, double octave du premier FA ; le huitième donne SOL à la triple octave ; le neuvième donne LA au vingt-troisième degré du premier SOL ou à la triple octave du premier SOL.

De ce qui précède il résulte qu'en partant du quart de la corde vers le sillet, et en faisant vibrer les sons harmoniques, on trouve en progression de tierce, les notes SOL, SI, RÉ, FA, LA. Il en résulte aussi qu'en partant du huitième de la corde, c'est-à-dire de la triple octave, on rencontre, par la même opération, les notes SOL, SI, RÉ, FA, LA *bémol*.

212. Ces notes combinées donnent tous les accords pratiqués dans l'harmonie simple ou naturelle, savoir :

1°. *L'accord parfait majeur* SOL-SI-RÉ, qui est composé de la tonique, de la tierce et de la quinte de toute gamme majeure.

2° *L'accord parfait mineur* RÉ-FA-LA, qui est également composé de la tonique, de la tierce et de la quinte de toute gamme mineure.

3° *L'accord de quinte diminuée* SI-RÉ-FA, qui est composé de la note sensible, de la seconde et de la quarte de toute gamme tant majeure que mineure.

4° *L'accord de 7ᵐᵉ dominante* SOL-SI-RÉ-FA, qui est composé de la dominante, de la sensible, de la seconde et de la quarte de toute gamme tant majeure que mineure.

5° *L'accord de 7ᵐᵉ sensible* SI-RÉ-FA-LA, qui est composé de l'accord de quinte diminuée, surmonté de la sixte de la gamme majeure.

6° *L'accord de 7ᵐᵉ diminuée* SI-RÉ-FA-LA *bémol*, qui est composé dans la gamme mineure de l'accord de quinte diminuée, surmonté de la sixte.

7° *L'accord de neuvième majeure dominante* SOL-SI-RÉ-FA-LA, qui est composé de l'accord de 7ᵐᵉ dominante, surmonté de la sixte de la gamme majeure.

8° *L'accord de neuvième mineure dominante* SOL-SI-RÉ-FA-

LA *bémol,* qui est composé de l'accord de septième dominante, surmonté de la sixte de la gamme mineure.

213. La dénomination de chacun de ces accords est facile à comprendre et à retenir, quand on a recours à l'origine de ces termes.

On entend par *accord parfait,* celui qui ne contient aucune dissonnance et qui, par conséquent, est le plus agréable et le plus parfait que l'on puisse entendre: c'est toujours l'accord final du morceau.

Quant aux autres dénominations, remarquez que le premier terme se rapporte à la note la plus élevée de l'accord, et le second à la note inférieure : ainsi, accord de *quinte diminuée* veut dire un accord dont la note la plus haute est une quinte relativement à la note inférieure, et dont la plus basse, forme, avec la supérieure, une quinte diminuée d'un demi-ton : en effet, pour avoir une quinte juste de SI à FA, il faudrait SI *bémol.*

Septième dominante veut dire un accord dont la note la plus haute, fait septième sur la basse qui est la dominante.

Septième sensible désigne également une septième à la note supérieure, et la sensible à la note inférieure.

Septième diminuée marque aussi une septième à la note supérieure, et la note inférieure diminuée d'un demi-ton, car pour faire un accord de 7me dominante avec SI-RÉ-FA-LA *bémol,* il faudrait SI *bémol* à la basse et non SI *naturel.*

Neuvième majeure dominante indique une neuvième majeure à la note supérieure, et la dominante à la basse, comme dans l'accord de *neuvième mineure dominante* qui veut dire une neuvième mineure sur la dominante qui est à la basse.

Tous ces accords se trouvent notés à la figure suivante :

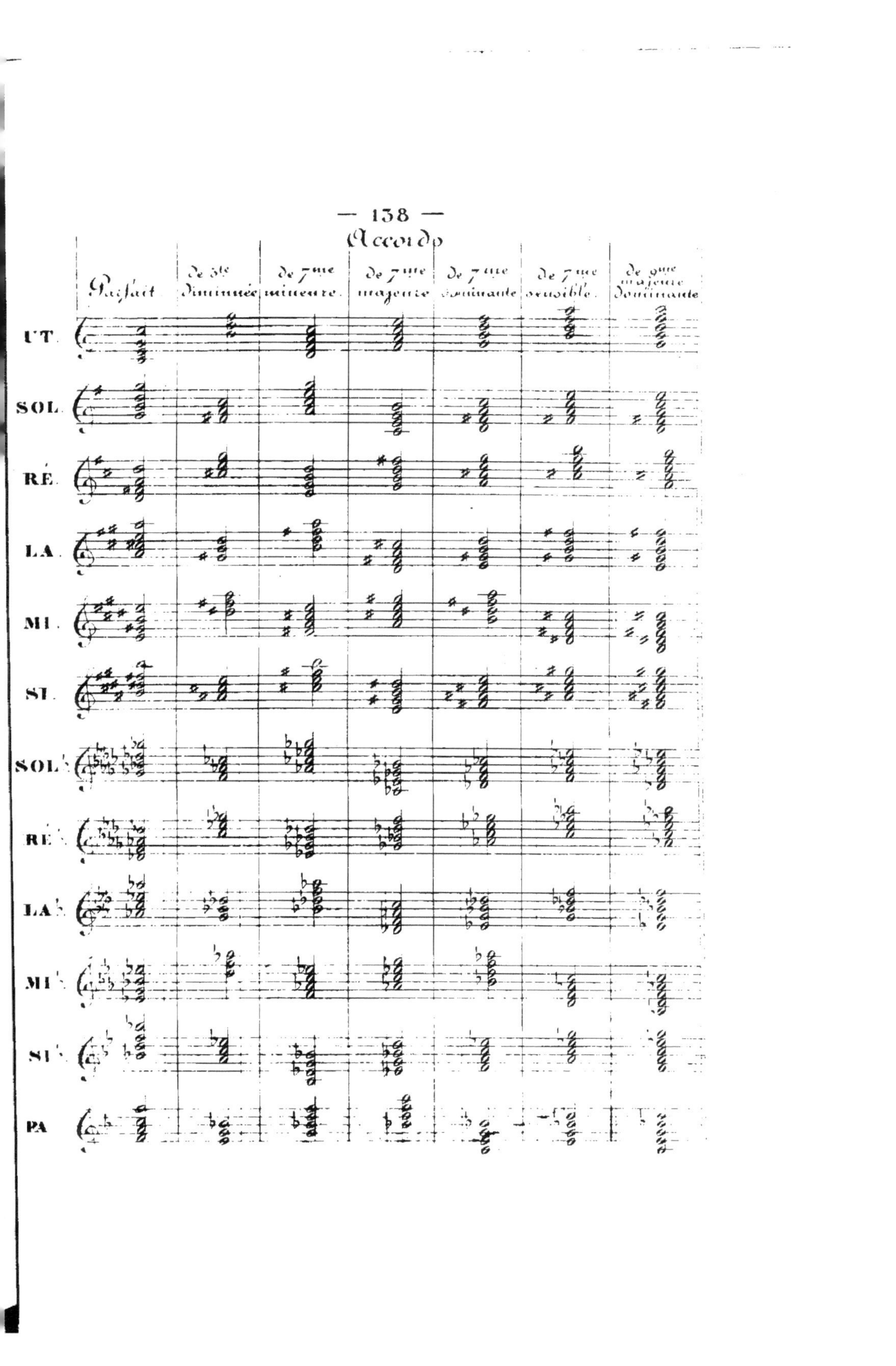

Accords

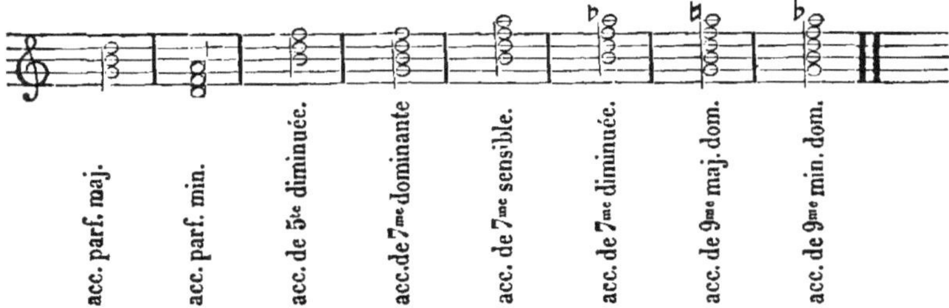

Remarquez que les deux derniers accords, qui sont ceux de 9me, ne sont que la répétition des deux précédens, auxquels la dominante est ajoutée pour basse. On peut dire dominante, parce que ces accords appartiennent plutôt au ton d'UT qu'au ton de SOL.

214. Outre ces accords, on rencontre encore les suivans :

Le premier sous la lettre **A**, se nomme accord de *septième majeure* : il se compose de l'accord parfait, surmonté de la note sensible dans le mode majeur. Pour se conformer aux dénominations précédentes, on devrait le nommer accord de *sensible tonique ;* sensible, pour indiquer la note supérieure, et tonique pour indiquer la note inférieure.

Le second sous la lettre **B**, se nomme accord de *septième mineure*, parce que c'est un accord de 7me formé sur un accord parfait mineur. On ferait peut-être bien de le nommer accord de *tonique seconde*, parce que la note supérieure est l'octave de la tonique du ton auquel il appartient, et parce que la note inférieure est la seconde de ce même ton.

Le troisième accord sous la lettre **C**, se nomme accord de *quinte augmentée ;* sauf la quinte qui est augmentée d'un demi-ton , ce serait un accord parfait majeur.

Le quatrième, sous la lettre **D**, s'appelle accord de *sixte augmentée ;* c'est un accord parfait majeur avec *sixte aug-mentée* sur la basse , ou *seconde augmentée* sur la quinte.

Tous ces accords donnés ainsi d'une manière isolée, ne peuvent s'apprendre et se retenir que difficilement : pour plus de facilité, il vaut mieux les classer en accords dérivant de la gamme majeure ou de la gamme mineure. Dans la suite nous les représenterons dans tous les tons et avec leurs ren-versemens, en donnant des règles simples pour les distin-guer.

ARTICLE IV.

Accords dérivant de la gamme majeure.

215. Pour rechercher les accords qui dérivent de la gamme majeure, prenons pour principe, que tous les accords que nous venons de voir, ne sont que des superpositions de tierces majeures ou mineures, à l'exemple de l'accord parfait UT-MI-SOL, où l'on trouve MI tierce majeure de UT, et SOL tierce mineure de MI.

216. Prenons la gamme en UT *majeur,* et, sans sortir des intervalles de cette gamme, c'est-à-dire, sans employer des notes qui lui soient étrangères, donnons à chaque note de cette gamme une tierce et une quinte, et nous aurons les combinaisons suivantes :

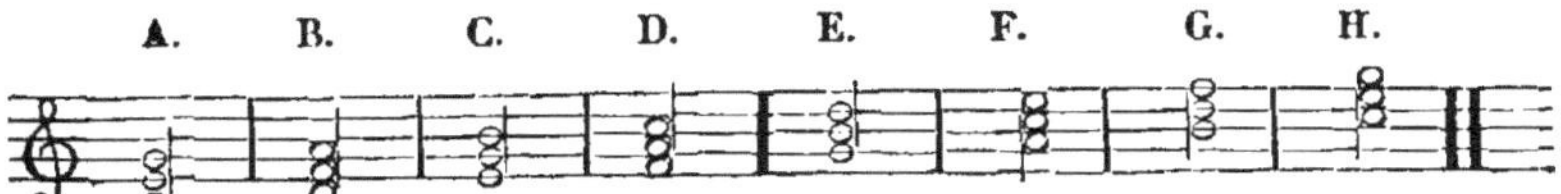

Sous les lettres A. D. E. se trouvent trois accords parfaits majeurs. Le premier, comme le dernier sous la lettre H, appartient seul au ton d'ut. Les deux autres sous les lettres D. E., appartiennent, le premier au ton de fa, le second au ton de sol.

Les accords parfaits mineurs, sous les lettres B. C. F. n'appartiennent pas au ton d'ut, mais à leur ton mineur respectif, le premier au ton de ré *mineur,* le second au ton de mi et le troisième au ton de la *mineur.*

L'accord sous la lettre G, qui est celui de *quinte diminuée,* appartient sans contredit au ton d'ut ; car il en contient la note sensible qui est le si.

Cette combinaison de *tierce* et de *quinte* sur chaque note de la gamme majeure ne nous donne que deux accords qui proprement appartiennent à ce mode, savoir : l'accord parfait majeur A, et l'accord de quinte diminuée G.

217. Une chose à remarquer dans les combinaisons ci-dessus, c'est que la première et la dernière note de chaque section de la gamme, porte un accord parfait majeur, comme on le voit sous les lettres A. D. E. H, tandis que partout ailleurs nous n'avons que des accords parfaits mineurs, sauf l'accord de *quinte diminuée,* sous la lettre G. Cela provient de ce que chacun de ces accords est précédé ou suivi des notes formant une section de gamme majeure.

Le ton de fa et le ton de sol se trouvent donc intimement liés au ton d'ut; c'est pourquoi nous nous sommes permis de nommer ut tonique principale, et fa et sol tonique secondaire : toute gamme majeure a donc une tonique principale, et deux toniques secondaires qui sont la sous-dominante et la dominante.

218. Si , sans sortir des intervalles donnés par la gamme majeure, c'est-à-dire, sans employer des notes qui lui soient étrangères , nous ajoutons aux combinaisons précédentes une note supérieure formant septième avec la basse, nous obtiendrons les combinaisons suivantes :

Sous les lettres A. D. on a des accords de septième majeure : le dernier accord appartient au ton d'UT, puisqu'il en contient la tonique et la tierce UT-MI, et qu'il se pratique sur le quatrième degré du mode majeur : pour cette raison, l'accord de 7me majeure, sous la lettre A , appartient au ton de SOL.

Sous les lettres B. C. F. se trouvent des accords de 7me mineure. Nous avons dit, No 214, en parlant de l'accord sous la lettre B, que sa basse ou sa note inférieure est la seconde du ton majeur : c'est donc celui qui se trouve ici sous la lettre B, qui appartient au ton d'UT. Cet accord se pratique aussi sur le quatrième degré du ton mineur, comme nous le verrons plus loin.

Sous la lettre E, nous avons l'accord de 7me dominante qui, sans contredit, appartient au ton d'UT, moins parce que ses intervalles se trouvent dans cette gamme, que parce qu'il en contient la note sensible. C'est pour ce même motif que l'accord de 7me sensible qui se trouve sous la lettre G, appartient au même ton.

219. De toutes les combinaisons qui précèdent, il résulte que les intervalles de la gamme majeure, donnent les accords suivans ; savoir : 1o l'accord *parfait majeur,* 2o l'accord de *quinte diminuée,* 3o l'accord de *septième mineure,* 4o l'accord de 7me *majeure,* 5o l'accord de 7me *dominante,* 6o l'accord de 7me *sensible,* 7o et enfin l'accord de 9me *majeure dominante,* si l'on ajoute la dominante à l'accord précédent.

Le tableau suivant indique les accords donnés par la gamme majeure :

224.

Tons.	Accord parfait.			Accord de quinte diminuée			Accord de septième mineure.				Accord de septième majeure				Accord de septième dominante				Accord de septième sensible				Accord de 9.me majeure dominante
	Direct	renver.	renver.	Direct	renver.	renver.	Direct	renver.	renver.	renver.	Direct	renv.	renv.	renv.	Direct	renv.	renv.	renv.	Direct	renv.	renv.	renv.	
UT.																							
SOL.																							
RÉ.																							
LA.																							
MI.																							
SI.																							
SOL♭.																							
RÉ♭.																							
LA♭.																							
MI♭.																							
SI♭.																							
FA.																							

Pour mieux reconnaitre quelles notes doivent être diésées ou bémolisées dans ces accords, j'ai cru devoir joindre ces signes à chaque note qui en demandait.

220. Il y a plusieurs remarques importantes à faire sur ce tableau, qui peuvent en rendre l'étude plus facile, savoir :

I. Que les notes de la gamme en mode majeur qui portent les accords ci-dessus, sont la *tonique*, la *sus-tonique*, la *sous-dominante*, la *dominante* et la *sensible*. La tonique porte l'accord *parfait* ; sur la sus-tonique se fait *l'accord de* 7ᵐᵉ *mineure* ; sur la sous-dominante se fait *l'accord de* 7ᵐᵉ *majeure* ; la dominante porte *l'accord de* 7ᵐᵉ *dominante* et celui de 9ᵐᵉ *majeure dominante*, et enfin la sensible porte ceux de *quinte diminuée* et de 7ᵐᵉ *sensible*.

II. Que ces accords sont tous placés respectivement dans le ton auquel ils appartiennent, c'est-à-dire, que de la manière qu'ils sont placés, ils n'exigent ni *dièses* ni *bémols* qui soient étrangers au ton où ils se trouvent.

III. Que l'accord de *neuvième majeure dominante* n'est que l'accord de 7ᵐᵉ *sensible* auquel on a donné la dominante pour basse.

IV. Que, quand on connait les accords dans les tons avec *dièses*, on les connait aussi dans ces mêmes tons *bémolisés* ; car, dans les accords avec bémols, toutes les notes sont bémolisés, excepté celles qui dans les mêmes accords avec dièses, étaient diésées. Il en est des accords comme des gammes ; toutes les notes diésées deviennent naturelles en bémolisant l'accord ; il n'y a que celles qui étaient naturelles qu'il faut bémoliser : ainsi, l'accord parfait en ré qui a le fa *dièse*, étant changé en ré *bémol*, aura toutes les notes bémolisées, excepté le fa qui devient naturel.

V. Que l'accord de *septième mineure* n'a la 7ᵐᵉ que par prolongation de l'octave de la tonique qui vient former 7ᵐᵉ contre la note de basse placée au second degré de la gamme. Ainsi, dans ré-fa-la-ut, cet ut n'est que la prolongation de l'octave de la tonique, cet ut vient faire 7me contre la basse ré second degré de la gamme de ce ton.

Cet accord par lui-même ne détermine aucun ton : aussi ne l'emploie-t-on que comme moyen transitoire dans l'enchaînement des accords. Pour apprendre à chanter à vue, on devra avoir peu recours à lui; mais il est toujours avantageux de savoir l'exprimer.

VI. Que l'accord de 7me *majeure* n'est que la prolongation de la tierce d'une gamme majeure, qui forme 7me contre la basse au 4me degré de cette gamme : ainsi l'accord fa-la-ut-mi, a pour basse le fa 4me degré de la gamme, et pour septième la tierce mi. Cet accord se pratique sur le quatrième comme sur le premier degré de toute gamme majeure, ainsi que sur le sixième degré ou sus-dominante du mode mineur. Par lui-même il ne détermine aucun ton, et, comme au précédent, on devra y avoir peu recours dans le chant.

VII. Que, pour la recherche des sons dans le chant, tous les autres accords sont de grande utilité, et sont aussi très faciles à retenir et à exprimer ; car, lorsqu'on sait chanter les notes de l'accord de 7me dominante et l'accord de 7me sensible, on connaît aussi celui de quinte diminuée et de neuvième majeure dominante.

VIII. Ne perdez jamais de vue que, savoir rendre par la voix les notes de ces accords dans un ton, c'est le savoir pour tous les autres tons ; l'expression doit être la même, puisque les intervalles de chaque accord ne varient pas, n'importe dans quel ton il se trouve ; mais il faut savoir distinguer ces accords dans tous les tons ; car à quoi servirait-il de savoir rendre par la voix les sons de tel ou tel accord, si on ne pouvait le reconnaitre dans tous les tons où il se reproduit?

IX. Que toutes les combinaisons de ces accords sont basées sur trois intervalles qui sont la *tierce mineure*, la *tierce majeure* et la *quinte diminuée* qui, elle-même, n'est déjà qu'une combinaison de deux tierces mineures superposées.

Prenez un accord quelconque, vous pourrez le décomposer et le réduire à des intervalles de tierces : ainsi l'accord de 7me *majeure* FA-LA-UT-MI, contient FA-LA *tierce majeure*, LA-UT *tierce mineure* et UT-MI *tierce majeure*.

On peut encore réduire tout accord à trois autres combinaisons qui sont l'accord parfait majeur, l'accord parfait mineur et l'accord de quinte diminuée : ainsi l'accord de neuvième majeure dominante SOL-SI-RÉ-FA-LA contient SOL-SI-RÉ, *accord parfait majeur*, en SOL : secondement il contient SI-RÉ-FA, *accord de quinte diminuée*, et RÉ-FA-LA *accord parfait mineur en* RÉ.

⫘

ARTICLE V.

Des renversemens des accords dérivant de la gamme majeure.

221. Le *renversement* est un changement d'ordre dans les sons qui composent les accords, ce qui se fait en substituant à la basse les sons qui étaient au-dessus.

Nous entendons par *basse* celle des quatre notes de l'accord ou des quatre parties qui est au-dessous des autres.

Un accord qui n'est point renversé, c'est-à-dire, qui se trouve dans son ordre naturel, tel que ceux que nous avons vu établis au tableau précédent, se nomme accord *direct*.

19.

Un accord peut être posé différemment, selon la note qui se trouve à la basse : toutes ces différentes positions se nomment *faces :* ainsi, un accord qui a trois notes a bien trois *faces,* mais il n'a que deux renversemens, parce que sa *face directe* n'est pas un renversement : de même, un accord à quatre notes se trouve avoir quatre *faces* dont l'une directe et les autres provenant des trois renversemens.

222. Dans l'harmonie on ne prend point pour des renversemens toutes les dispositions différentes des sons supérieurs. Tant que le même son demeure à la basse, la face ou le renversement est le même : ainsi les deux faces de l'accord parfait MI-UT-SOL, ou MI-SOL-UT, ne sont regardées que comme un même renversement, parce que MI reste à la basse.

De ceci il résulte que, quand un accord a sa première note à la basse, il se trouve dans sa face ou sa position directe, que la tierce à la basse donne le premier renversement, que la quinte donne le second et que la septième donne le troisième renversement.

223. Un accord renversé ne diffère point au fond, de l'accord direct, car on n'y trouve toujours que les mêmes notes, représentant les mêmes sons ; mais les renversemens de ces sons produisent des combinaisons différentes que l'on ne doit pas considérer comme de nouveaux accords, quoiqu'on leur ait donné des noms particuliers, comme si la différence des noms en produisait une dans l'espèce.

Le tableau suivant contient tous les accords dérivés de la gamme majeure, dans chaque ton, et avec leurs renversemens. Les observations, auxquelles il donnera lieu, seront placeés à la suite de ce tableau, comme nous l'avons fait pour le précédent.

225. La remarque que nous avons faite ci-dessus, N° 220, IV, s'applique également au renversement des accords.

A la première vue, ces accords paraissent très difficiles à distinguer, surtout dans leurs renversemens ; cependant les observations et les règles qui vont suivre, donneront des moyens infaillibles pour ne jamais se tromper dans la distinction des accords et de leurs renversemens , quel que soit le ton dans lequel ils se trouvent. Avant d'établir les règles, commençons par observer :

I. Que, dans tous ces accords de 7me, la notation suit toujours la même marche ; leur *face directe* est toujours composée de *basse, tierce, quinte* et *septième*. Le *premier renversement* est toujours composé de *tierce, quinte* et *sixte ;* le *second renversemeut* prend *tierce, quarte* et *sixte,* et enfin le *troisième renversement* a sur la basse, *seconde, quarte* et *sixte :* ainsi, 1° dès qu'on voit dans un accord quelconque *quinte* et *sixte,* on sait que c'est un accord de 7me quelconque et qu'il se trouve au premier renversement ; 2° dès qu'on voit *tierce* et *quarte,* on sait que c'est le second renversement de quelque accord de 7me ; 3° dès qu'on voit une *seconde,* sur la basse, on sait que c'est le troisième renverse ment.

II. Remarquez que la *quinte* et la *sixte* dans le premier renversement de tout accord de 7me forment entr'elles une *seconde ;* il en est de même des *tierce* et *quarte* dans le second renversement, et de la *première* et *seconde* dans le troisième. Ainsi, dans chaque renversement d'un accord de 7me quelconque, il y a *une seconde.* Cette note qui forme *la seconde* dans chacun de ces renversemens est la *première note* de l'accord direct. Cela doit être ainsi, puisque toute seconde résulte du renversement d'une septième. En résumant ce que nous venons de dire, nous pouvons établir la règle suivante : dès qu'un accord présente une *seconde* dont les deux termes forment *quinte* et *sixte* sur la basse, on a un accord de 7me au premier renversement : si un accord présente une *seconde* dont les deux termes forment *tierce et quarte* sur la basse, c'est le second renversement : si la *seconde* se fait sur la basse elle-même, c'est le troisième renversement.

Le premier terme de la *seconde* dans ces divers renversemens est la 7me de l'accord direct, le second terme est la basse de l'accord direct.

Quoique le tableau qui précède contienne à chaque accord de septième l'application de ce que nous venons de dire, je terminerai par des exemples, pour ne laisser rien à désirer : Supposons l'accord si-ré-fa-sol, j'ai une *seconde* de fa à sol ; donc c'est un accord de septième ; cette *seconde* est formée par la *quinte* et la *sixte* : donc c'est le *premier renversement*. Le premier terme de la seconde est fa, donc fa est la septième de l'accord direct ; le second terme de la *seconde* est sol, donc sol est la basse ou la fondamentale de l'accord direct, qui est sol-si-ré-fa. Supposons encore fa-la-si-ré, j'ai une *seconde* de la à si, donc c'est un accord de 7me : cette *seconde* est formée par la *tierce* et la *quarte*, donc c'est le second renversement. Le premier terme de la *seconde* est la, donc la est la septième de l'accord direct ; le second terme de la *seconde* est si, donc si est la basse de l'accord direct, qui sera si-ré-fa-la.

226. Par ce qui précède nous pouvons reconnaître les accords de septième en général, le renversement dans lequel ils se trouvent, quelle note est la septième et quelle note forme la basse et l'accord, dans la position directe ; mais nous ne pouvons encore distinguer de quel accord de septième il s'agit : C'est de quoi nous allons nous occuper.

L'accord de septième mineure et celui de septième sensible, dans leur face directe, commencent par une *tierce mineure*, et comme la première note ou la basse de l'accord direct se retrouve, selon le renversement, être la *sixte*, la *quarte* ou à la *seconde*, on aura toujours une *tierce* mineure au-dessus de cette note. Dans l'accord de 7me mineure, en rapprochant la première de la 7me on trouve une *seconde majeure,* c'est-à-dire, un intervalle d'un ton , cette seconde majeure se reproduit dans les divers renversemens. Dans l'accord de 7me sensible en rapprochant aussi la première de la 7me on trouve aussi une *seconde majeure,* qui se reproduit dans chaque renversement, mais avec cette différence, que la note qui fait seconde est toujours un *dièse* dans les tons avec dièses, ou un *bécarre* dans les tons avec bémols, parce que le second terme de la seconde, est la note sensible du ton.

L'accord de septième dominante et celui de septième majeure, vus dans leur face directe , commencent par une *tierce majeure,* et comme la première note ou la fondamentale de l'accord direct se reproduit selon le renversement ou à la *sixte,* ou à la *quarte,* ou à la *seconde,* on aura toujours une *tierce majeure* en mettant une *tierce* sur cette *sixte,* cette *quarte* ou cette *seconde.* Dans l'accord de 7me dominante, en rapprochant la fondamentale de la septième, on trouve une *seconde majeure;* seconde qui se reproduit dans les divers renversemens. Dans l'accord de septième majeure en rapprochant la fondamentale de la septième , on n'obtient qu'une *seconde mineure;* cette seconde se reproduit dans tous les renversemens de cet accord. Le premier terme de cette seconde étant note sensible, ce sera un dièse dans les tons avec dièses et un bécarre dans les tons avec bémols. Cette seconde-ci a la note sensible au premier terme, tandis que l'accord de 7me sensible a la note sensible au second terme de la seconde. Toutes ces observations nous mènent à établir les règles suivantes :

227. Règles pour reconnaître les différens accords de septième , tant dans leur face directe que dans leurs renversemens.

ACCORD DE SEPTIÈME MINEURE.

1. *Tierce mineure* sur la fondamentale ou sur la sixte,

la quarte ou la seconde, selon le renversement, et *seconde majeure* dans chaque renversement.

DEUXIÈME RÈGLE.

ACCORD DE SEPTIÈME MAJEURE.

2. *Tierce majeure* sur la fondamentale ou sur la sixte, la quarte ou la seconde, selon le renversement, et dans chaque renversement *seconde mineur*, dont le premier terme, comme note sensible, est affecté d'un *dièse* ou d'un *bécarre*.

TROISIÈME RÈGLE.

ACCORD DE SEPTIÈME DOMINANTE.

3. *Tierce majeure* sur la fondamentale ou sur la sixte, la quarte ou la seconde, selon le renversement, et dans chaque renversement *seconde majeure*.

QUATRIÈME RÈGLE.

ACCORD DE SEPTIÈME SENSIBLE.

4. *Tierce mineure* sur la première, ou sur la sixte, la quarte ou la seconde, selon le renversement, et dans chaque renversement, *seconde majeure*, dont le second terme, comme note sensible, est affecté d'un *dièse* ou d'un *bécarre*.

Il n'est pas nécessaire de donner des exemples pour l'application de ces règles ; on peut soi-même en vérifier l'exactitude en consultant chaque accord de septième dans le tableau qui précède.

Accord parfait	Accord de 5te Diminuée.	Accord de 7me mineure.	Accord de 7me majeure.	Accord de 7me Dominante	Accord de 7me sensible.

UT

SOL.

RÉ.

LA.

MI

SI

fa dièse ou sol bémol | fa dièse ou sol bémol | fa dièse ou sol bémol | sol bémol ou fa dièse | fa dièse ou sol bémol | fa dièse ou sol bémol

SOL bémol

ré bémol ou ut dièse | ut dièse ou ré bémol | ut dièse ou ré bémol | ré bémol ou ut dièse | ré bémol ou ut dièse | ut dièse ou ré bémol

RÉ bémol

la bémol ou sol dièse | sol dièse ou la bémol | la bémol ou sol dièse | la bémol ou sol dièse | la bémol ou sol dièse | sol dièse ou la bémol

LA bémol

mi bémol ou ré dièse | ré dièse ou mi bémol | mi bémol ou ré dièse | mi bémol ou ré dièse | ré dièse ou mi bémol

MI bémol

la dièse ou si bémol | si bémol ou la dièse | la dièse ou si bémol.

SI bémol

FA.

III. Remarquez que l'accord de *neuvième majeure domi- nante* ne se renverse presque jamais, parce que, par le renversement, au lieu de produire un véritable accord, il présente une progression diatonique ou une partie de gamme. En effet, prenons le premier renversement de l'accord SOL-SI-RÉ-FA-LA, nous aurons SI-RÉ-FA-SOL-LA : or, ces trois dernières notes forment une marche diatonique. Le second renversement produirait RÉ-FA-SOL-LA-SI, ce qui, comme accord, est encore plus défectueux.

IV. Remarquez aussi que la même note se trouve em- ployée dans chaque espèce d'accord une fois comme *fon- damentale* ou basse, une fois comme *tierce*, une fois comme *quinte* et une fois comme *septième* : ainsi UT est employé comme *tonique* dans l'accord UT-MI-SOL-SI *bémol;* UT est employé comme *tierce* dans l'accord LA *bémol, * UT, MI *bémol,* SOL *bémol.* UT est employé comme *quinte* dans l'accord FA-LA-UT-MI *bémol,* et enfin UT est employé comme *septième* dans l'accord RÉ, FA *dièse,* LA, UT.

Ce sera donc un exercice très-important pour se fami- liariser avec les accords, que de savoir nommer des accords directs, dans lesquels, telle ou telle note est employée soit comme tonique, soit comme tierce, comme quinte ou comme septième.

Il faut observer que, comme on n'emploie que rarement les tons en FA, UT ou SOL *dièses,* on ne trouvera que rarement ces notes employées comme *tonique,* mais comme *tierce,* on les trouve dans les tons de RÉ de LA et de MI.

J'ai cru utile d'offrir un tableau où chaque note dans chaque espèce d'accords, est employée, une fois à son tour, comme *tonique,* comme *tierce,* comme *quinte* ou comme *septième.*

ARTICLE VI.

Accords dérivant de la gamme mineure, et de leurs renversemens.

229. Pour rechercher les accords qui dérivent de la gamme mineure, nous procéderons comme nous avons fait ci-dessus aux N°s 215 et suivans, pour la recherche des accords donnés par la gamme majeure : Ainsi, sans sortir des intervalles de la gamme mineure, c'est-à-dire, sans employer des notes qui lui soient étrangères, nous établirons une *tierce* et une *quinte* sur chaque note de la gamme, et nous obtiendrons la combinaison suivante :

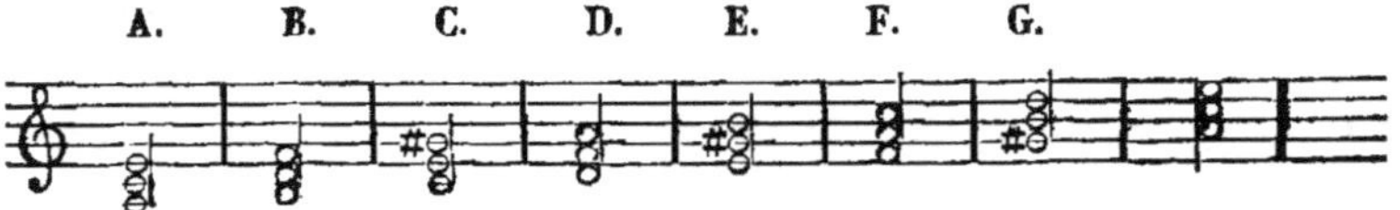

Le premier accord sous la lettre **A**, est l'accord parfait mineure du ton même, il appartient essentiellement au mode mineur.

Le second sous la lettre **B**, est l'accord de quinte diminuée que nous avons obtenu dans la gamme majeure sur la note sensible du ton et qui se place aussi, comme on le voit, sur le second degré du mode mineur : nous le laissons donc au nombre des accords tirés de la gamme majeure.

Le troisième sous la lettre C, que l'on nomme accord de quinte augmentée, appartient sans contredit au ton mineur, puisque, outre la tierce et la quinte du ton, il contient encore la note sensible.

Le quatrième accord, sous la lettre D, est un accord parfait, en RÉ *mineur*, que nous abandonnons à ce ton.

Le cinquième et le sixième, sous les lettres E et F, sont des accords parfaits majeurs, le premier en MI, le second en FA, nous les abandonnons aussi à leurs tons respectifs.

Le septième, sous la lettre G, est un accord de quinte diminuée : il appartient au ton mineur, mais nous le passons, puisque nous en avons traité ci-dessus.

De cette combinaison il n'y a que deux accords nouveaux qui doivent être considérés comme dérivant du mode mineur ; ce sont l'*accord parfait mineur* et l'accord de *quinte augmentée*.

230. Si, comme nous l'avons fait pour la gamme majeure, nous ajoutons à ces premières combinaisons une note tirée de la gamme qui fasse tierce avec la quinte ou 7ᵐᵉ avec la basse de chacune de ces combinaisons, nous obtiendrons les propositions suivantes :

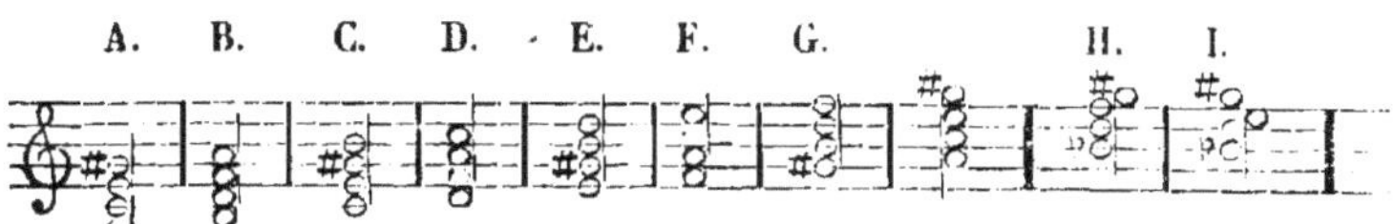

La première de ces combinaisons, sous la lettre A, comme celle qui se trouve sous la lettre C, offre un mélange d'accord parfait mineur et de quinte augmentée : nous ne pouvons les admettre, car il n'y a pas accord : on ne pourrait même guère les considérer comme accords altérés, seule condition qui eût pu les faire admettre.

20.

La seconde combinaison, sous la lettre B, est un accord de septième sensible qui se pratique sur la sensible du mode majeur, ou, comme on le voit, sur le second degré du mode mineur ; nous l'avons classé au nombre des accords dérivant de la gamme majeure.

Sous la lettre D, on trouve l'accord de septième mineure : cet accord, que nous abonnons aussi au mode majeur, se pratique sur le second degré de ce mode, comme sur le quatrième du mode mineur.

Il en est de même de l'accord de septième majeure qui se trouve sous la lettre F : nous l'avons déjà vu, et il se pratique sur le quatrième degré du mode majeur, comme sur le sixième du mode mineur.

L'accord sous la lettre G, est celui de septième diminuée : il est tout-à-fait propre au mode mineur, non-seulement parce qu'il en contient la note sensible, mais parce que cette 7me diminuée provient du renversement de la seconde augmentée que donne le mode mineur seulement. Il est composé de deux accords de quinte diminuée combinés, savoir : de celui qui se pratique sur la note sensible et de celui que porte le second degré dans le mode mineur. Si la première note de cet accord était descendue d'un demi-ton, on aurait l'accord de septième dominante du ton relatif majeur.

231. Le premier renversement de ce dernier accord donne SI-RÉ-FA-SOL *dièse ;* en bémolisant le SI, on obtient un nouvel accord qui n'est qu'une altération de l'accord de septième diminuée et qu'on nomme accord de *sixte augmentée,* à cause de l'intervalle du SI *bémol* au SOL *dièse :* cet accord ne se renverse pas ; on le voit ci-dessus à la lettre H. Dans cet accord on substitue quelquefois la quarte à la quinte ; cette quarte est formée par la quinte du ton mineur ; ainsi, au lieu de SI *bémol ;* RÉ, FA, SOL *dièse,* on trouve SI *bémol,* RÉ, MI, SOL *dièse ;* comme le précédent, cet accord ne se renverse point, puisque c'est le même.

sauf la substitution de la quarte à la quinte ; on le trouve ci-dessus, lettre I.

De toutes ces combinaisons il résulte que le mode mineur donne pour accords nouveaux, savoir : 1° l'accord parfait mineur ; 2° l'accord de quinte augmentée ; 3° l'accord de septième diminuée ; 4° et l'accord de sixte augmentée avec la quinte ou avec la quarte substituée à la quinte. Nous ajouterons aussi l'accord de neuvième mineure dominante, qui se compose de l'accord de septième diminuée, auquel on donne pour basse la dominante du ton mineur, cet accord, en général, ne se renverse pas. Tous ces accords se voient avec leurs renversemens, s'ils en ont, dans le tableau suivant :

REMARQUEZ SUR CE TABLEAU :

232. I. Que, quand on connait les accords des tons avec dièses, on connait aussi ceux des tons avec bémols, comme nous l'avons déjà démontré N° **220**, IV.

II. Remarquez, quant à l'accord de *septième diminuée,* que, dès qu'un accord présente *une seconde* dans ses renversemens, on a un accord de septième; qu'au premier renversement, cette seconde est formée par la *quinte* et *sixte;* au second renversement, par la *tierce* et *quarte;* au troisième renversement, la *seconde* se fait sur la *basse* : ainsi, en voyant au tableau qui suit les divers renversemens de l'accord de 7ᵐᵉ *diminuée,* on reconnaît que c'est un *accord de septième,* on reconnait aussi quels en sont ses divers renversemens; mais pour le distinguer de tous les autres accords de septième, il faut observer la règle suivante :

Règle pour reconnaître l'accord de *septième diminuée,* tant dans sa position directe que dans ses renversemens.

Tierce mineure sur la basse ou sur la sixte, la quarte ou la seconde, selon le renversement; et dans chaque renversement, *seconde augmentée* dont le second terme, comme note sensible, est toujours une note naturelle, un dièse, ou un double dièse.

III. L'accord de 9ᵐᵉ *mineure dominante,* se compose de *septième diminuée,* auquel on donne pour basse la dominante du *ton mineur.* Cet accord, comme celui de *neuvième majeure dominante,* ne se renverse pas, et ce, pour les motifs que nous avons expliqués N° **227**, III.

Accord parfait			Accord de 5me augmentée.			Accord de 7me diminuée.				Accord de sixte augmentée		Accord de 9me majeure dominante.
Direct.	1er renv.	2me renv.	Direct.	1er renv.	2me renv.	Direct.	1er renv.	2me renv.	3me renv.	avec 5te	avec 4te	

ARTICLE VII.

Manière de chiffrer les accords.

233. Qand on sait chiffrer les intervalles, on apprend facilement la manière de chiffrer les accords, parce que les principes d'où l'on part, sont les mêmes ; mais la connaissance seule de ces principes ne suffit pas ; il y a encore diverses conventions à observer, plusieurs observations importantes à faire pour rendre la chose simple et claire, et aussi quelques imperfections à rélever dans la manière ordinaire de chiffrer les accords. Pour ne pas faire un travail incomplet, la manière de chiffrer chaque accord, avec chacun de ses renversemens, sera expliquée séparément.

234. La basse fondamentale est celle qui est formée du vrai son fondamental de l'accord dans sa position directe ; les renversemens des accords se font quand la note fondamentale ne reste pas à la basse ; cette variété de basse produit une suite agréable de sons, une marche variée, que l'on nomme *basse continue*. Il suit de là, que chaque renversement, quoique provenant d'un même accord, se chiffre différemment, parce que les chiffres n'indiquent le degré et l'intervalle des notes supérieures, que relativement à la basse.

Bien que, parmi les caractères que l'on nomme chiffres, il y en ait qui ne sont pas des chiffres, comme *la croix*, *la barre* qui traverse le chiffre, on leur donne généralement ce nom.

235. Comme chaque accord est composé de plusieurs sons, s'il avait fallu exprimer chacun de ces sons par des chiffres, on les aurait tellement multipliés que l'accompa-

gnateur aurait eu peine à les lire au moment de l'exécution :
on s'est donc appliqué, autant qu'on a pu, à caractériser
chaque accord par un seul chiffre, pour indiquer, relativement à la basse, l'espèce de l'accord et par suite de la connaissance de l'espèce, tous les sons qui doivent le composer.
Souvent on indique l'accord parfait en ne chiffrant point.
Ce ne sont donc pas les chiffres qui donnent la connaissance
des accords ; on conçoit que le musicien qui ne les connait
pas d'avance avec leurs renversemens, ne pourra guère tirer
quelque avantage des chiffres.

Le chiffre qui indique chaque accord, est ordinairement
celui qui répond au nom de l'accord ; ainsi, l'accord de *seconde*
se chiffre par 2 ; celui de *septième*, par 7 ; celui de *sixte*, par
6, etc. Il y a des renversemens d'accord, qui portent deux
chiffres, tels sont les accords de *tierce* et *quarte*, de *quarte*
et *sixte*, de *sixte* et *quinte*. Si l'on chiffrait les accords par
trois chiffres, on retomberait dans l'inconvénient qu'on a
voulu éviter par l'emploi des chiffres. La composition des
chiffres, dit **J. J.** Rousseau, n'est venue que du tems et du
hasard plutôt que d'une combinaison réfléchie ; si cela est,
on a la cause des imperfections qu'on y trouve.

236. Tout accord direct qui ne contient que des intervalles majeurs et mineurs ou justes, tel que l'accord parfait
mineur ou majeur, celui de septième majeure et de septième
mineure, ne donne jamais, dans ses renversemens, que des
intervalles mineurs, majeurs ou justes.

Tout accord direct qui contient des intervalles diminués
ou augmentés, tels que ceux de *quinte augmentée*, de *sep-*
tième diminuée, de *quinte diminuée*, de *septième dominante*,
de *septième sensible*, produit, dans certains renversemens, des
intervalles augmentés ou diminués. Nous disons dans certains renversemens ; car ne croyez pas qu'un accord qui a
un intervalle diminué, donne, dans tous ses renversemens,
des intervalles augmentés : nullement ; ce n'est que le renversement de ce seul intervalle diminué, qui devient aug-

menté ; ainsi, l'accord de *quinte diminuée* ne donnera l'intervalle de *quarte augmentée* que dans un seul renversement. L'accord de *septième diminuée* contenant dans sa position directe l'intervalle de *septième diminuée* et l'intervalle de *quinte diminuée,* aura dans un seul de ses renversemens, une *seconde augmentée* sur la basse, et dans un autre, une *quarte augmentée ;* car la règle qui dit, que tout intervalle *diminué* devient *augmenté* par le renversement, ne veut pas dire que, dès qu'un accord a un intervalle diminué, il donne un intervalle augmenté dans tous ses renversemens. En consultant les tableaux des accords, que nous avons donnés ci-dessus, on verra dans le tableau des accords donnés par la *gamme majeure,* que l'intervalle de *quinte diminuée* se trouve dans l'accord de *quinte diminuée,* de *septième dominante,* de *septième sensible ;* un seul renversement dans chacun de ces accords, donnera donc une *quarte augmentée,* qui résulte du renversement de la *quinte diminuée.* On peut faire la même observation dans le tableau des accords dérivés de la gamme mineure.

Accord parfait.

FACE DIRECTE.

237. Cet accord composé de trois notes n'aura que deux renversemens. Dans le mode majeur il est composé de deux tierces superposées, une majeure, de la tonique à la tierce, et la seconde, mineure, qui se trouve de la tierce à la quinte. Les intervalles qu'il donne sont donc, tierce majeure, tierce mineure, quinte juste, qui dans les renversemens, produiront sixte mineure, sixte majeure et quarte juste. La seule différence que donne le mode mineur, c'est que la première tierce est mineure et la seconde majeure. Cet accord se se marque, dans sa position directe, par 3, ou par $\frac{5}{3}$ ou par 8, ou $\frac{8}{3}$, comme on le voit à la figure suivante :

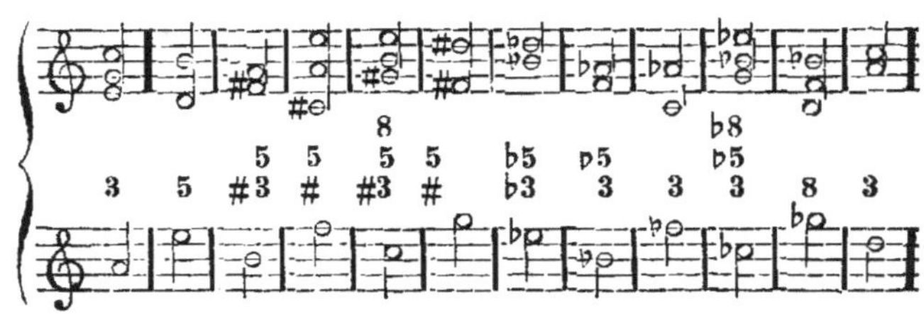

L'espèce de l'accord étant connue de l'accompagnateur par les chiffres ou les signes altératifs, il prend ses notes au-dessus de la basse dans l'ordre qu'il trouve convenir pour les lier à l'accord suivant, c'est une règle générale résultant de ce que nous avons dit Nº 222.

PREMIER RENVERSEMENT.

ACCORD DE SIXTE.

258. Le premier renversement, comme dans tout accord, a lieu quand la tierce se trouve à la basse : comme de la tierce à la tonique il y a six degrés, on le nomme *accord de sixte,* (voyez ce qui a été dit Nº 223.) on marque ce renversement par 6. Cette sixte résultant du renversement de la *tierce majeure,* sera mineure pour le mode majeur, et majeure pour le mode mineur.

On en voit des exemples à la figure suivante :

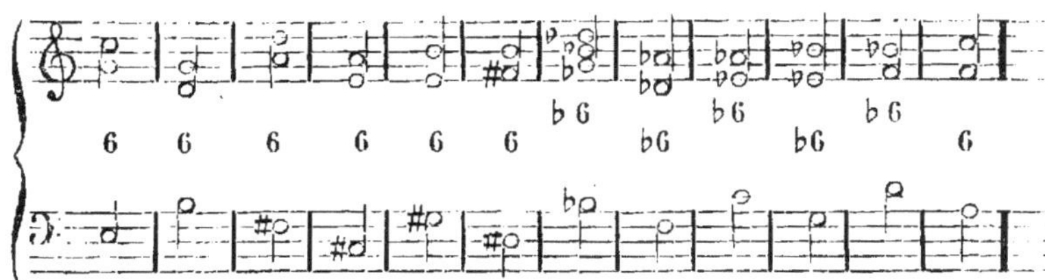

Pourvu que la basse demande l'accord de *sixte*, on ne considère pas, pour le marquer par 6, dans quel ordre se trouvent les notes supérieures ; on les arrange de manière à lier les accords. Nous ne reviendrons plus sur cette observation.

SECOND RENVERSEMENT.

ACCORD DE QUARTE ET SIXTE.

259. Le second renversement a lieu, lorsque la *quinte* se trouve à la basse : la quinte étant un intervalle *juste*, elle donne, par le renversement, une *quarte juste*. (Voyez N° 210.) La *sixte* dans cet accord, résultant du renversement de la *tierce* qui, dans la face directe, se trouve de la *tierce* à la *quinte*, sera majeure pour le mode majeur, et mineure pour le mode mineur ; nous avons dit pourquoi, N° 257. Ce renversement se trouve chiffré dans les deux modes, à la figure suivante :

Dans l'accord parfait, et dans l'accord de septième dominante, la tierce majeure donnée sur la fondamentale, peut
être considérée comme note *sensible ;* dès lors, elle n'est
jamais qu'une note naturelle dans les tons avec bémols, et un
dièse, dans les tons avec dièses. Cette note sensible se voit
à la tierce dans les exemples du N° 237; ici, elle se reproduit
à la sixte. Quant aux intervalles majeurs et mineurs, on peut
consulter à leur sujet ce que nous avons dit N°ˢ 200, 207, et
suivans.

Accord de 5ᵗᵉ diminuée,

OU DE 3ᶜᵉˢ MINEURES.

FACE DIRECTE.

240. Cet accord est composé de deux *tierces mineures* superposées. L'intervalle de la note inférieure à la quinte, donne
une *quinte diminuée ;* les renversemens ne peuvent donc produire que deux *sixtes majeures* et une *quarte augmentée.*
Comme la première note de cet accord est une note sensible,

cette note sera toujours soit un dièse soit un bécarre, comme nous l'avons dit N° 207. Dans sa face directe, cet accord se marque par un *cinq barré*, qui est le caractère du diminué ; Voyez N°ˢ 205, 206. On le trouve chiffré à la figure suivante :

PREMIER RENVERSEMENT.

ACCORD DE 3ᶜᵉ MINEURE ET 6ᵗᵉ MAJEURE.

241. Comme nous l'avons dit, la sixte que nous obtiendrons dans ce renversement doit être *majeure,* parcequ'elle résulte de la *tierce mineure,* qui se trouve, dans l'accord direct, de la première à la tierce. La note sensible se trouvant à la sixte, cette note sera donc toujours un bécarre ou un dièse. On marque cet accord par 6, mais, pour le distinguer du premier renversement de l'accord parfait, on devrait le marquer par 3 surmonté d'un 6. Ce 3 indiquerait toujours une *tierce mineure,* c'est ce qui le ferait distinguer du premier renversement de l'accord de *quinte augmentée,* qui donne toujours une *tierce majeure.* On voit ce renversement chiffré de deux manières à la figure suivante :

Ne perdez jamais de vue l'objet du N⁰ 203.

SECOND RENVERSEMENT.

ACCORD DE 4ᵗᵉ AUGMENTÉE ET 6ᵗᵉ MAJEURE.

242. Le second renversement donne une *quarte augmentée* provenant de la *quinte diminuée* de l'accord direct ; il donne aussi une *sixte majeure*, provenant du renversement de la *tierce mineure*, qui se trouve de la tierce à la quinte. Qu'on se ressouvienne ici de ce que nous avons dit N⁰ˢ 205 à 208 inclus, et 203. Ce renversement se trouve chiffré à la figure suivante :

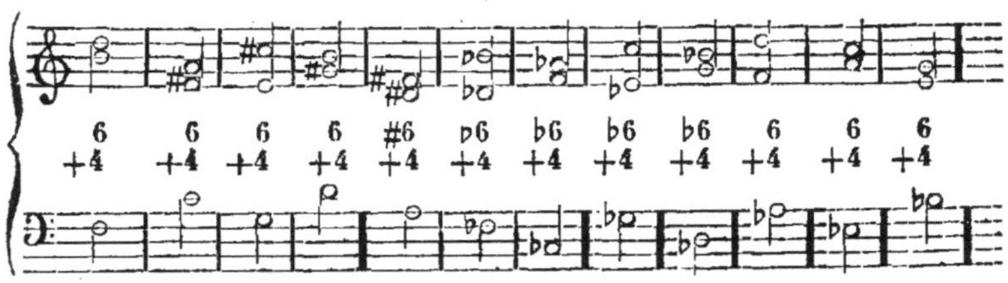

On voit que la basse est toujours naturelle ou bémolisée, parce que c'est elle qui formait l'intervalle diminué dans l'accord direct, comme on peut le voir N⁰ 209.

Accord de 5ᵗᵉ augmentée,

OU DE DEUX 3ᶜᵉˢ MAJEURES.

FACE DIRECTE.

243. Cet accord est tout-à-fait l'inverse du précédent ; au lieu d'avoir deux tierces mineures superposées, il a deux *tierces majeures ;* au lieu d'avoir une quinte diminuée, il a une *quinte augmentée :* il en résultera, dans les renversemens, l'opposé de ce qui est résulté de l'accord précédent, c'est-à-dire, deux *sixtes mineures* et une *quarte diminuée.* On peut donc voir ici l'application des règles mentionnées aux Nᵒˢ 203, 209. Dans sa position directe, on marque cet accord par un 5, précédé de la *petite croix,* comme suit :

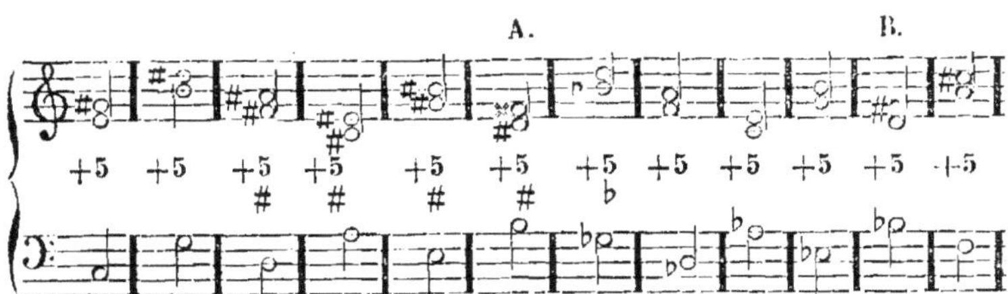

Quant aux exceptions qui se trouvent aux lettres A, B. on peut voir le Nᵒ 208, 5ᵒ.

La basse dans ces exemples étant la note fondamentale de chaque accord, ou la tonique, il n'y a que des notes naturelles ou bémolisées, comme on l'a vu Nᵒ 207.

Remarquez que, quand il s'agit de déterminer le signe altératif de la tierce, on se contente de mettre un *dièse* ou *bémol* au-dessus de la basse.

PREMIER RENVERSEMENT.

ACCORD DE 3ᶜᵉ MAJEURE ET 6ᵗᵉ MINEURE.

244. Le premier renversement de cet accord donne une *tierce majeure* et une *sixte mineure*, celle-ci provenant du renversement de la première *tierce majeure* (Voyez Nᵒ 203 et 204). Ce renversement est précisément l'inverse du premier renversement de l'accord précédent, qui donne une *tierce mineure* et une *sixte majeure*; l'un et l'autre se marquent par 3 surmonté de 6. La *tierce majeure* étant la note sensible qui formait la *quinte augmentée* dans l'accord direct, sera un dièse ou un bécarre, selon que le ton est avec dièses ou avec bémols. (Voyez Nᵒ 207.) La figure suivante indique ce renversement noté dans tous les tons.

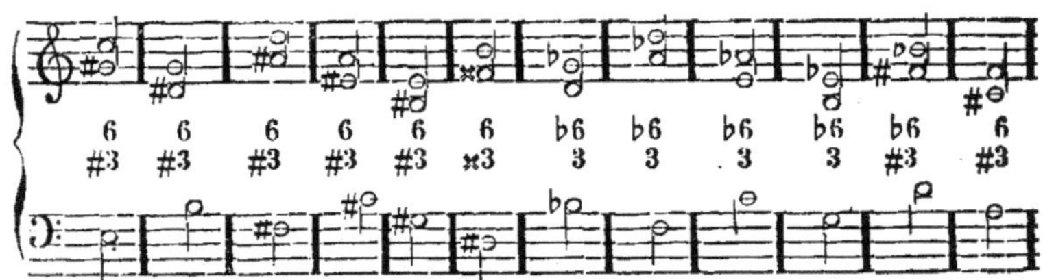

SECOND RENVERSEMENT.

ACCORD DE 4ᵗᵉ DIMINUÉE ET 6ᵗᵉ MINEURE.

245. Le second renversement donne la *quarte diminuée* qui provient du renversement de la *quinte augmentée;* il donne aussi une *sixte mineure* provenant de la seconde *tierce majeure*. (Voyez Nᵒˢ 236, 205 et 209.) C'est encore l'inverse du second renversement de l'accord précédent, qui donne une *quarte augmentée* et une *sixte majeure*. La figure suivante présente ce renversement dans tous les tons.

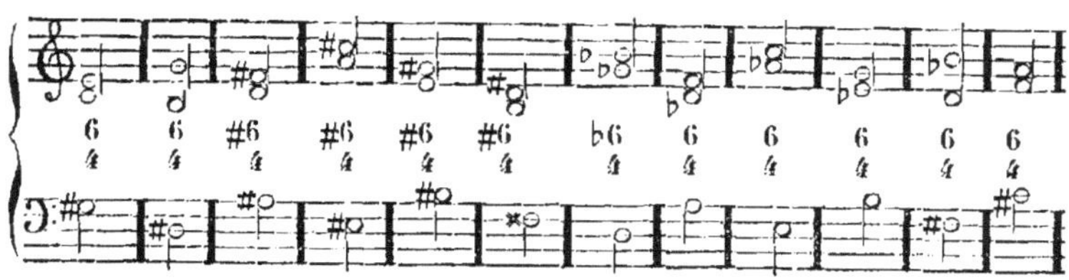

Accord de 7ᵐᵉ dominante.

FACE DIRECTE.

246. Souvenez-vous que, dans tout accord de septième quelconque, la note de basse se trouve à la sixte, à la quarte ou à la seconde, selon le renversement. (Voyez Nᵒ 225, 11, et 227, 3.)

Les intervalles séparés que donne l'accord de *septième dominante* sont : une tierce majeure, de la tonique à la tierce ; deux tierces mineures, de la tierce à la quinte et de la quinte à la septième ; et enfin deux quintes, savoir : une quinte juste de la tonique à la quinte et une quinte diminuée de la tierce à la septième. D'après ceci, nous devons rencontrer dans les renversemens, une sixte mineure, deux sixtes majeures, une quarte juste, une quarte augmentée, et enfin une seconde majeure résultant de la septième mineure.

Dans sa position directe, cet accord se chiffre par **7**; mais on peut assez bien le distinguer des autres accords de septième qui aussi se marquent par **7**, parce que, dans celui-ci, la tierce est toujours *majeure* et s'annonce par un dièse ou un bécarre, selon que le ton est avec dièses ou avec bémols, comme nous l'avons dit à la fin du N° **239**. La première note de cet accord est toujours une note naturelle ou bémolisée, la **7**ᵐᵉ qui forme avec elle un intervalle de septième mineure, suit la condition de la note fondamentale, comme il est dit N° **202**. L'exemple suivant donne l'accord chiffré dans tous les tons :

Nous avons parlé des exceptions qui se trouvent aux lettres **A** et **B**, en parlant des intervalles de seconde **majeure** et de **7**ᵐᵉ mineure, N° **202**.

PREMIER RENVERSEMENT.

ACCORD DE 6ᵗᵉ MINEURE ET 5ᵗᵉ DIMINUÉE.

247. Le premier renversement donne une *sixte mineure* qui résulte du renversement de la tierce majeure qui se

trouve de la basse à la tierce ; il donne aussi une *quinte di-*
minuée qui se trouve de la tierce à la septième : C'est pourquoi cet accord se marque par un 5 *barré,* surmonté d'un 6.
Quant à ses intervalles, on peut voir ce qui a été dit N° 204
et 209. Cet accord se trouve chiffré à la figure suivante :

La basse étant une note sensible, est toujours naturelle ou
diésée. Voyez N° 207. La note qui fait quinte diminuée étant
la 7me de l'accord direct, n'est jamais qu'une note naturelle
ou bémolisée.

SECOND RENVERSEMNET.

ACCORD DE 4te ET 6te SENSIBLE.

248. Le second renversement donne une *quarte juste,*
provenant de la quinte juste renversée, et une *sixte majeure,*
dont le second terme est la note sensible du ton. Cette sixte
majeure provient du renversement de la tierce mineure qui

se trouvait, dans l'accord direct, de la tierce à la quinte,
(voyez Nº 203.) on marque ordinairement ce renversement
par un 6 précédé de la croix, mais c'est à tort, car il n'y
a pas sixte augmentée, mais sixte majeure seulement. (Voy.
Nº 193). Il suffit de le marquer par 6, puisqu'on sait que
ce 6, indiquant une note sensible, sera toujours un dièse
ou un bécarre. (Voyez Nº 207.) Ne perdons jamais de vue
les règles établies aux Nºˢ 227 et 232, II. Ce renversement
se trouve noté à la figure suivante :

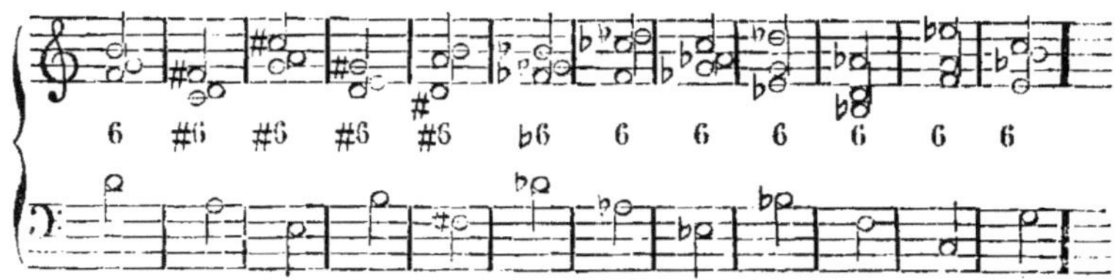

TROISIÈME RENVERSEMENT.

ACCORD DE TRITON OU DE 2ᵈᵉ MAJEURE
ET DE 4ᵗᵉ AUGMENTÉE.

249. Le troisième renversement contient une *seconde majeure,* provenant de la septième mineure renversée, et une
quarte augmentée que donne la quinte diminuée ; on marque
ce renversement par un 2, ou par 4 précédé d'une croix, ce qui
vaut mieux, puisqu'aucun accord de septième, autre que
celui-ci, ne donne sur la basse du troisième renversement
une quarte augmentée, excepté celui de septième diminuée,

mais, qui se marque autrement. En le marquant par **2**, on pourrait le confondre avec le quatrième renversement des accords de septième sensible et de septième mineure. On le voit chiffré à la figure suivante :

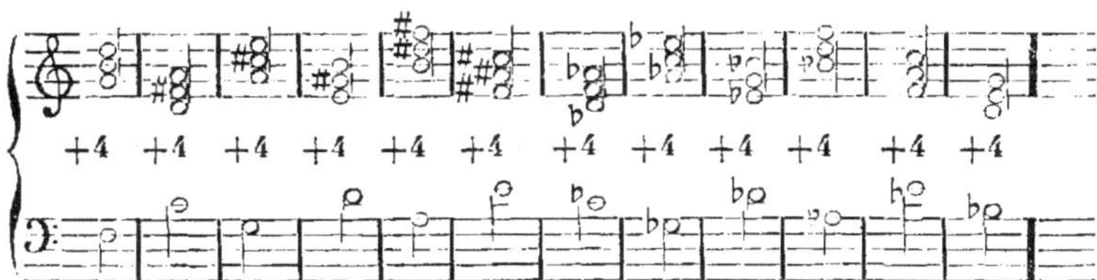

Quant aux règles qui sont applicables aux intervalles ci-dessus, on peut voir les N° 202 et 208.

Accord de 7ᵐᵉ sensible.

FACE DIRECTE.

250. L'accord de *septième sensible*, comme tout autre accord de septième, est composé de tierce, de quinte et de septième. Ces accords quoique tous composés des mêmes degrés, diffèrent entr'eux par leurs intervalles. Celui-ci, dans sa position directe, donne d'abord deux *tierces mineures* qui se trouvent de la basse à la tierce, et de la tierce à la quinte. La troisième *tierce* de la quinte à la septième est *majeure*

Il donne, en outre, une quinte diminuée de la basse à la quinte, et une quinte juste de la tierce à la septième.

D'après tout ceci, nous devons rencontrer dans les renversemens, deux sixtes majeures, une sixte mineure, une quarte augmentée, une quarte juste et une seconde majeure résultant de la septième mineure renversée.

Dans sa position directe, cet accord commence par la note sensible qui, avec la quinte, forme un intervalle de quinte diminuée surmontée de septième mineure ; aussi le marque-t-on par un 5 *barré* surmonté d'un 7, comme on le voit à la figure suivante :

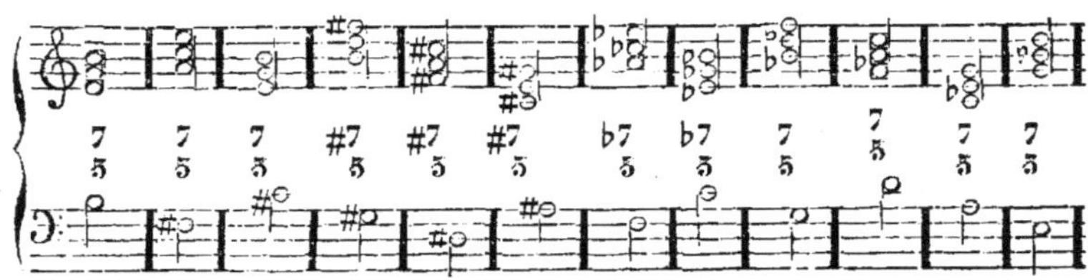

La basse étant note sensible, n'est qu'une note dièsée ou naturelle, N° 207, 209. La tierce et la septième donnent un intervalle de quinte juste, N° 210.

PREMIER RENVERSEMENT.

ACCORD DE QUINTE ET SIXTE SENSIBLE.

251. Dans tout accord de septième, le premier renversement met la basse à la sixte : la sixte est donc ici note sensible, parce que la basse l'était ; cette sixte est majeure,

comme provenant de la première tierce mineure renversée
(Voyez N°s 195, 203.) La quinte juste que nous avons dans
dans ce renversement, est celle qui se trouve dans l'accord
direct de la tierce à la septième. (Voyez N° 210.) Ce renversement se marque par 5 surmonté de 6, comme on le voit
dans la figure suivante :

SECOND RENVERSEMENT.

ACCORD DE TIERCE ET QUARTE AUGMENTÉE.

252. Le second renversement donne une *tierce majeure*,
qui est celle qui se trouve dans l'accord direct de la quinte
à la septième. Il donne aussi une *quarte augmentée* provenant du renversement de la quinte diminuée qui se trouve
sur la première de l'accord direct. C'est pourquoi on marque
ce renversement par 3 surmonté d'un 4 augmenté. (Voyez
N°s 203, 207.) La note qui forme un intervalle augmenté,
est toujours une note sensible, partant naturelle ou diésée.

(Voyez N° 207.) Le second renversement de l'accord de *septième diminuée*, se marque comme celui-ci, mais avec cette différence d'intervalle, que celui-ci a une tierce majeure, tandis que l'accord de *septième diminuée* donne une tierce mineure au second renversement. La notation, dans tous les tons, de celui qui nous occupe, se voit à la figure suivante :

TROISIÈME RENVERSEMENT.

ACCORE DE SECONDE SENSIBLE ET DE
SIXTE MINEURE.

253. Le troisième renversement comprend une *seconde majeure*. Cette note qui forme seconde, est la note sensible, ou la première de l'accord direct. La *sixte mineure* provient du renversement de la tierce majeure qui se trouve dans l'accord direct, de la quinte à la septième. C'est pourquoi

on le nomme accord de seconde sensible et de sixte mineure.
(Voyez Nᵒˢ 207, 204.) On voit ce renversement noté et
chiffré par 2, dans tous les tons, à la figure suivante :

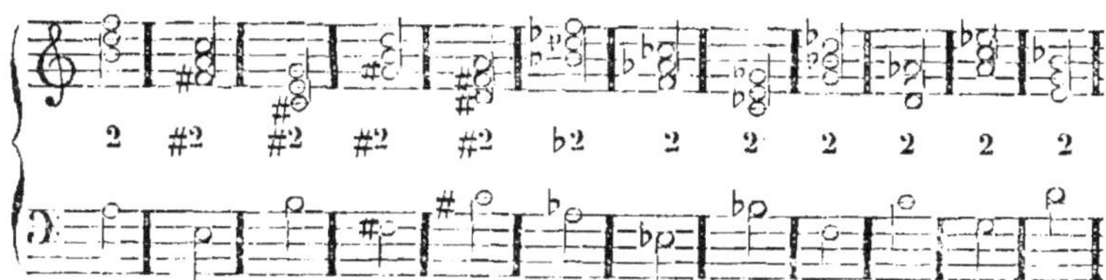

Accord de 7ᵐᵉ diminuée.

FACE DIRECTE.

254. Si l'on descendait d'un demi-ton, la septième de
l'accord précédent, ou si l'on montait d'un demi-ton la
fondamentale de l'accord *septième dominante*, on aurait
l'accord de *septième diminuée*. Il contient trois tierces mineures superposées, et deux quintes diminuées, la première
de la basse à la quinte, et la seconde de la tierce à la septième. Toutes les sixtes, que nous rencontrerons, seront
donc majeures, et la quarte sera augmentée. On marque
cet accord par un 7 *barré*. Comme la première de cet accord
est une note sensible, cette note sera toujours un dièse ou
bécarre. Nᵒ 207. On le voit noté dans tous les tons à la
figure suivante :

A. B.

Pour les deux exceptions qui se trouvent sous les lettres A, B, il faut voir le N° 209, 1°.

PREMIER RENVERSEMENT.

ACCORD DE 6ᵗᵉ MAJEURE ET 5ᵗᵉ DIMINUÉE.

255. Le premier renversement donne une *quinte diminuée* qui se trouve de la tierce à la septième dans l'accord direct. La sixte majeure résulte du renversement de la première tierce mineure. La basse, comme premier terme d'un intervalle de quinte diminuée, sera un *bécarre* ou un *dièse*, N° 207. La sixte sera de même une note dièsée ou naturelle, parce qu'elle est la première de l'accord direct qui aussi est note sensible. Ce renversement se chiffre par un 5 *barré* surmonté de 6, N° 203. On trouve souvent cette sixte marquée avec une croix; c'est une erreur que nous rejetons pour les raisons déduites au N° 193. Pourquoi marquer par le signe de l'augmenté ce qui n'est que majeur. Dans aucun accord ni dans aucun renversement, on ne trouve de sixte augmentée, si ce n'est dans l'accord de *sixte augmentée* lui-même qui ne se renverse pas.

D'ailleurs, ce premier renversement se distingue fort bien du premier renversement des autres accords de 7me, parce qu'aucun d'eux ne donne de note sensible à la sixte, si ce n'est l'accord de septième sensible ; mais il n'a pas, comme celui-ci, une quinte diminuée. Pour la manière de le chiffrer voyez la figure suivante qui donne ce renversement dans tous les tons :

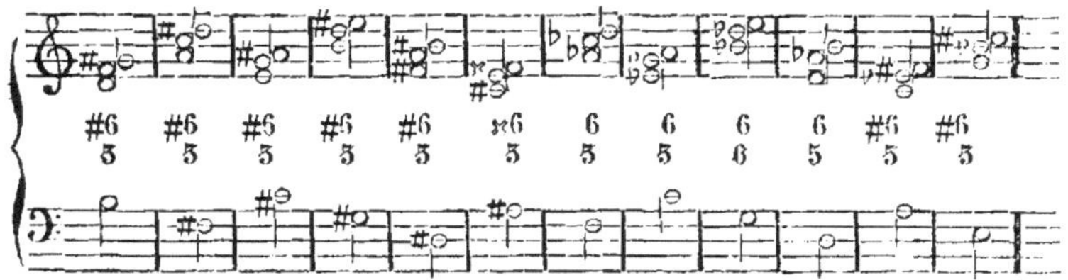

SECOND RENVERSEMENT.

ACCORD DE 4te AUGMENTÉE, OU DE TRITON AVEC 3ce MINEURE.

256. Le second renversement de l'accord de *septième diminuée*, contient la *tierce mineure* qui se trouve, dans l'accord direct, de la quinte à la septième. La *quarte augmentée*, provient du renversement de la première quinte diminuée de l'accord direct. C'est pourquoi on le marque par 3 surmonté de 4 avec le signe augmentatif. Le second renversement de l'accord de septième sensible, se marque par les

mêmes chiffres, mais, dans ce dernier, la tierce est majeure,
tandis que, dans celui-ci, elle est mineure. On le voit
chiffré à la figure suivante :

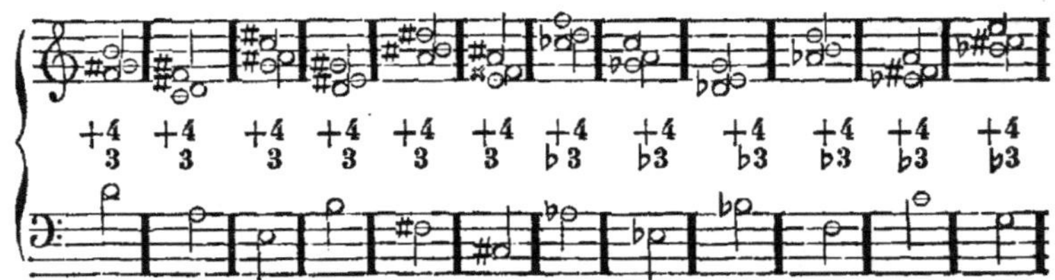

TROISIÈME RENVERSEMENT.

ACCORD DE SECONDE AUGMENTÉE.

257. Le troisième renversement donne une *seconde augmentée*, résultant du renversement de la septième diminuée,
N° 196, 2° C, et 205. Sur la basse se fait aussi une *quarte augmentée* provenant de la seconde quinte diminuée de l'accord
direct, et enfin une *sixte majeure*, produite par la troisième
tierce mineure renversée. On chiffre ce renversement par 2
avec le signe augmentatif. On le distingue facilement du troisième renversement des autres accords de septième, qui,
bien qu'ils se marquent par 2, n'ont pas de seconde augmentée, mais bien une seconde majeure ou mineure. Ce
troisième renversement se trouve chiffré dans tous les tons
à la figure suivante :

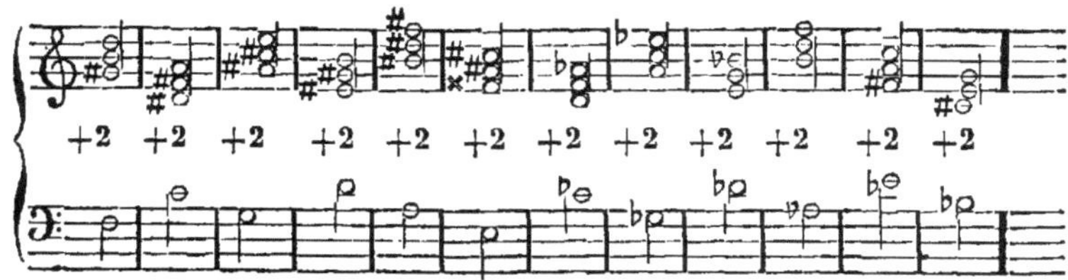

On voit que la basse est toujours une note naturelle ou une note bémolisée, comme l'est toute septième, excepté dans l'accord de septième majeure, où la sensible forme septième. Il est bon de se rappeler toujours les règles avancées au N° 227.

Accord de 7ᵐᵉ mineure

FACE DIRECTE.

258. Cet accord diffère de celui de septième dominante, en ce qu'il commence par une *tierce mineure*, tandis que le premier commence par une *tierce majeure*. Il contient deux *tierces mineures*, savoir : une sur la première note ou sur la basse, l'autre, de la quinte à la septième. Il contient encore une *tierce majeure*, de la tierce à la quinte, et deux *quintes justes*, savoir : de la tonique à la quinte, et de la tierce à la septième, et enfin une *septième mineure*, de la

basse à la septième. Les intervalles que l'on rencontre dans les renversemens, seront donc ceux de sixte majeure ou mineure, de quarte juste et de seconde majeure. La face directe de cet accord se marque par 7. On le distingue des autres accords de septième, parce qu'il commence par une *tierce mineure*, tandis que les accords de septième dominante et de septième majeure, commencent par une *tierce majeure*, et qu'il n'a pas de *quinte diminuée*, comme les accords de septième sensible et de septième diminuée. On le voit chiffré dans tous les tons à la figure suivante :

Comme cet accord contient deux *quintes justes* et une *septième mineure*, on peut voir les règles mentionnées aux N°s 227, 202, 210.

PREMIER RENVERSEMENT.

ACCORD DE 5te JUSTE ET 6te MAJEURE.

259. Ce renversement contient une *quinte juste* et une *sixte majeure*, qui résulte du renversement de la première tierce mineure. On le marque par 5, surmonté de 6. Ce

renversement commence par une *tierce majeure ;* c'est ce qui
fait qu'on peut le distinguer du premier renversement de l'accord de septième sensible et de celui de septième majeure qui
se chiffrent aussi par 5 et 6, mais qui commencent par une
tierce mineure. Toujours est-il que, si on ne connaissait
bien les intervalles, les chiffres par eux-mêmes ne feraient
nullement distinguer ces accords. Ce renversement se voit
chiffré à la figure suivante :

SECOND RENVERSEMENT.

ACCORD DE PETITE SIXTE.
OU DE 3ce MINEURE ET 4te JUSTE.

260. Le second renversement de l'accord de septième
mineure contient une *tierce mineure* qui est celle qui se
trouve dans l'accord direct, de la quinte à la septième ; il a
aussi une *quarte juste,* provenant du renversement de la
quinte juste sur la basse de l'accord direct, son troisième
intervalle est une *sixte mineure ;* cette sixte lui a valu le nom
impropre de *petite sixte.* C'est le seul accord de septième qui
ait une sixte mineure à son second renversement ; tous les
autres ont une sixte majeure. A cause de sa tierce mineure

et de sa quarte juste, on le marque par 3 surmonté de 4. Le second renversement de l'accord de septième majeure se marque de même, mais il se distingue par une tierce et une sixte majeures, tandis que celui-ci à une tierce et une sixte mineures. On le voit chiffré à la figure suivante :

Pour la *sixte mineure*, la *tierce mineure* et la *quarte juste*, on peut voir les règles mentionnées aux N°s 204, 203 et 210.

TROISIÈME RENVERSEMENT.

ACCORD DE 2de MAJEURE ET 4te JUSTE.

261. Le troisième renversement de cet accord contient une *seconde majeure* qui est produite par le renversement de la septième mineure ; il comprend aussi une *quarte juste* et une *sixte majeure*. On le marque par 2 ; mais pour ne pas le confondre avec le troisième renversement de l'accord de septième sensible, qui donne aussi une *seconde majeure*, et

se chiffre aussi par **2**, on devrait le marquer par **2** surmonté de **4**, comme on le voit à la figure suivante :

Quant à la seconde majeure avec ses exceptions, voyez N° 202.

Accord de 7ᵐᵉ majeure.

FACE DIRECTE.

262. Cet accord est composé d'un *accord parfait majeur*, c'est-à-dire, de *tierce majeure* et de *quinte juste*, au-dessus duquel vient une *tierce majeure* qui fait septième majeure avec la basse, ou qui en est la note sensible ; en cette qualité, cette septième sera donc toujours une note diésée ou naturelle, selon que la basse est une note naturelle ou bémolisée ; c'est ce qui le distingue des autres accords de septième et notamment de l'accord de septième mineure et de septième dominante, qui, dans leur face direct, se marquent, comme celui-ci, par un 7. On peut voir, outre la figure suivante, les N⁰ˢ 207, 201, 193.

PREMIER RENVERSEMENT.

ACCORD DE QUINTE JUSTE ET SIXTE MINEURE.

263. Dans ce renversement la *quinte juste* est celle qui se trouve dans la face directe de la tierce à la septième. La *sixte mineure* résulte du renversement de la tierce majeure qui se trouve de la fondamentale à la tierce. Presque tous les accords de septième ont, au premier renversement, une sixte majeure et non mineure ; il n'y a que celui de septième dominante qui ait une sixte mineure comme celui-ci. L'un et l'autre se marquent par 5 surmonté de 6 ; mais ce qui distingue ce renversement-ci, c'est qu'il a une *quinte juste,* tandis que, dans le premier renversement de l'accord de septième dominante, la quinte est diminuée. Voyez la

figure suivante qui en présente des exemples dans tous les tons :

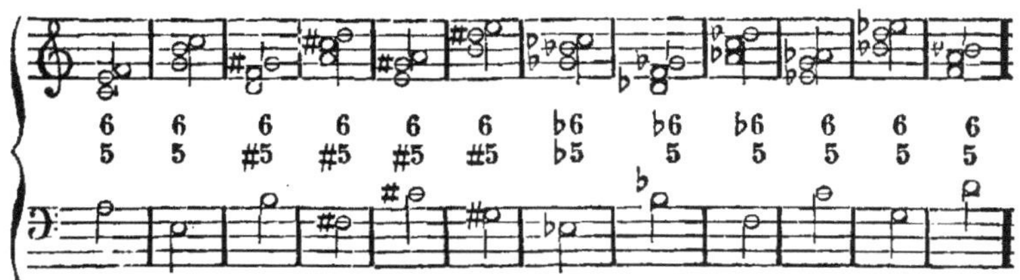

On voit que la *quinte* qui est ici la *note sensible*, est un dièse ou une note naturelle.

SECOND RENVERSEMENT.

ACCORD DE TIERCE MAJEURE ET QUARTE JUSTE.

264. Ce renversement contient une *tierce majeure* sur la basse. Cette tierce se trouve dans la face directe, de la quinte à la septième ; la quarte juste résulte du renversement de la quinte juste sur la fondamentale de l'accord direct, qui donnant une tierce mineure, de la tierce à la quinte, produit ici, par le renversement, une sixte majeure. On marque cette face par 3 surmonté de 4, comme le second renversement de l'accord de septième mineure, qui commence par une tierce mineure, tandis qu'ici, elle est majeure, et que le second terme est la note sensible de l'accord, comme le montre assez la figure suivante qui en donne des exemples dans tous les tons :

Pour la *tierce majeure,* voyez le N° 204 ; pour la note sensible, N° 207, et pour les intervalles justes, N° 210.

TROISIÈME RENVERSEMENT.

ACCORD DE SECONDE MINEURE.

265. Le troisième renversement ayant la *septième majeure* à la basse, doit produire une *seconde mineure,* dont la basse ou le premier terme est note sensible, et partant toujours une note dièsée ou naturelle. Ce renversement se marque par 2, et se distingue du troisième renversement des autres accords de septième, en ce qu'aucun d'eux, ne donne, comme celui-ci, une *seconde mineure.* On le voit chiffré dans tous les tons à la figure suivante :

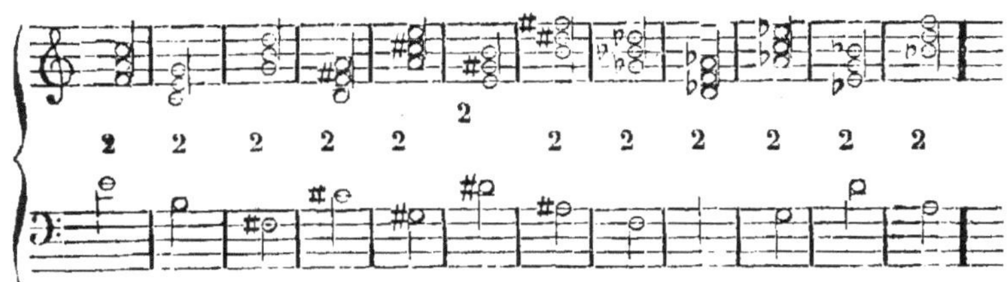

On voit que la basse qui est une note sensible, est toujours
une note naturelle ou un dièse. Voyez Nᵒˢ 207, 195 et 201.

Accord de sixte augmentée.

266. L'accord de *sixte augmentée*, comme nous l'avons vu
Nᵒ 251, ne se renverse pas ; il est composé de *tierce majeure,*
de *quinte juste* et de *sixte augmentée*. Quand on substitue
la quarte à la quinte , cette quarte n'est que d'un demi-ton
et d'un dégré plus bas que la quinte ; il en résulte donc
une *quarte augmentée,* qui étant haussée d'un demi-ton et
montée d'un degré, donnerait la *quinte juste,* comme on
peut le voir au tableau qui suit le Nᵒ 251. Quelquefois même
on le trouve sans quarte ni quinte , n'ayant que la basse ,
la tierce majeure et la sixte augmentée. De tout ceci il résulte
qu'on le marque par 5 surmonté de 6 augmenté ; ou par 4
et 6 avec le signe augmentatif à chaque chiffre ; ou par 5

et 6 augmenté. On le voit chiffré de ces différentes manières
dans les exemples de la figure suivante, où il se trouve
dans tous les tons :

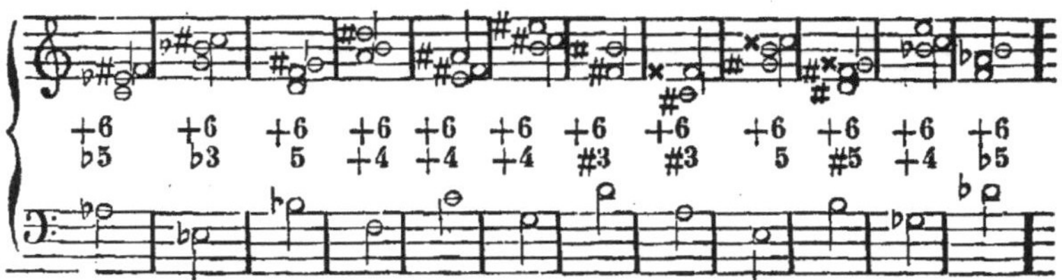

Quant aux intervalles augmentés, voyez ce qui a été dit
à la règle et aux exceptions rapportés N° 208.

Accords de 9ᵐᵉ majeure et mineure dominante.

267. Ces accords ne se renversent pas ; ils se chiffrent par
7 surmonté de 9. L'accord de 9ᵐᵉ *majeure* est composé de
celui de *septième dominante* en ajoutant une tierce majeure
au-dessus de la septième. Celui de 9ᵐᵉ *mineure,* est composé
de l'accord de *septième diminuée,* auquel on donne pour basse
la dominante du ton mineur. Ces accords se distinguent l'un
de l'autre par les règles suivantes :

Pour reconnaître l'accord de 9ᵐᵉ *majeure,* il faut observer
que la note qui fait neuvième contre la basse, est comme elle,
une note naturelle ou dièsée ou bémolisée.

Exceptions : Quand la basse est une des notes MI ou SI *naturels*, la 9me *majeure* est une note dièsée ; si ces notes sont bémolisées, elle est une note naturelle ; cela provient du demi-ton qui existe de MI à FA et de SI à UT.

Pour l'accord de 9me *mineure*, si la basse est une note dièsée, la 9me *mineure* sera naturelle ; si elle est naturelle, la 9me *mineure* sera bémolisée.

Exceptions. Si la basse est MI ou SI, la 9me *mineure* sera, comme elles une note naturelle, bémolisée ou dièsée. Ces exceptions proviennent toujours de la même cause.

D'après ces tons, on peut juger des autres avec bémols, que du reste on peut voir au Tableau marqué N° 224, et à celui qui suit le N° 231.

ARTICLE VIII.

Mouvement naturel des accords.

268. La transition est le passage d'un ton à un autre : ainsi, si en partant du ton d'UT, je me propose d'arriver au ton de RÉ, dès que j'y serai parvenu, il y aura transition du ton d'UT au ton de RÉ ; mais comme le ton de RÉ contient des diéses qui n'appartiennent pas au ton d'UT et qu'ainsi ces deux tons sont plus ou moins éloignés l'un de l'autre, il faudra parcourir certains autres tons et peut-être même on pourra changer de mode avant d'arriver au ton de RÉ ; c'est ce qui se nomme *moduler*. La modulation consiste donc à parcourir régulièrement différens tons ou différens modes qui se lient plus ou moins, l'un successivement à l'autre, moyen que l'on emploie pour parvenir à un ton voulu. On donc bien se garder de confondre la *modulation* avec a *transition*.

Connaître bien les transitions, c'est savoir une des parties essentielles de la composition, elle se rattache à l'*harmonie*.

Comme nous le voyons, pour opérer une transition il faut des modulations ; mais pour faire des modulations il faut connaître le mouvement naturel des accords, c'est-à-dire, la marche naturelle que prend chaque note séparément pour passer à un autre accord.

D'après ce qui précède on conçoit que la transition est le résultat de la modulation qui elle-même résulte du mouvement des accords. L'un est donc l'effet de l'autre. C'est du mouvement naturelle des accords que nous allons nous occuper ici.

269. Avant tout, il faut ranger les accords en deux classes ; la première comprendra l'accord parfait majeur et mineur, ainsi nommés, parce qu'ils sont composés de consonnances, qu'ils marquent un repos et qu'on peut s'y arrêter, tandis que l'oreille ne saurait, sans un effet désagréable, se réposer sur une dissonnance.

La seconde classe comprend donc tous les accords *non parfaits,* qui sont ceux de quinte diminuée, de quinte augmentée, de sixte augmentée, de septième dominante, de septième diminuée, de septième sensible, de septième mineure, de septième majeure et enfin de neuvième mineure et majeure dominante.

§ Ier.

MOUVEMENT DE L'ACCORD DE 5te DIMINUÉE.

270. La première note ou la basse de cet accord, dans sa face directe, est une note sensible ; tant qu'elle agit en cette qualité, cette note ne peut être doublée ; jamais on ne double les notes sensibles ; mais sa tierce peut-être doublée. Cependant quand elle n'agit plus comme sensible, par exemple, lorsque cet accord est employé pour conduire au ton relatif mineur, alors elle peut être doublée, parce que loin de servir encore de sensible et de monter à la tonique ou à la fondamentale d'un accord parfait, elle sert de quinte à l'accord suivant. La note qui forme la quinte diminuée sur la sensible doit descendre. La figure suivante offre des exemples de ce que nous venons d'avancer :

A la lettre A, la basse fonctionne comme note sensible, monte à la tonique et ne se double pas ; la quinte diminuée FA descend sur la tierce MI, ou sur MI *bémol,* si on veut avoir le mode mineur. La tierce RÉ prend le chemin le plus court pour arriver à une des notes de l'accord parfait.

A la lettre B, la basse SI est et peut-être doublée, parce qu'elle devient quinte de l'accord suivant qui est en MI *majeur.* On trouve la même marche dans les exemples qui suivent ces premiers.

§ II.

MOUVEMENT DE L'ACCORD DE 5te AUGMENTÉE.

271. La quinte de cet accord monte, comme note sensible; elle ne se double jamais ; sa tierce monte aussi, la note

fondamentale reste en place et devient quinte de l'accord parfait suivant. On peut consulter les exemples ci-dessous :

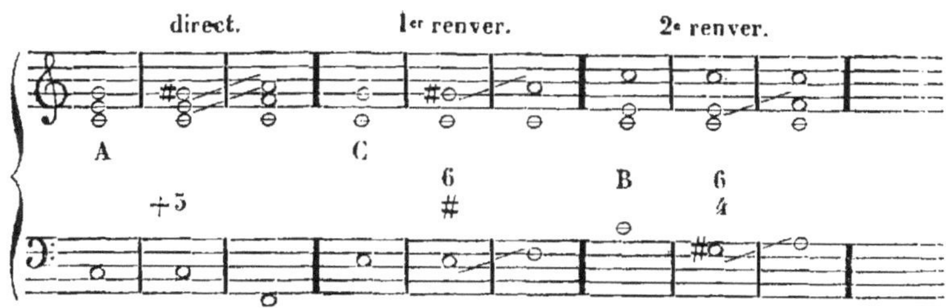

Lettre A, l'accord qui précède celui de quinte augmentée, peut avoir sa quinte quand elle-même monte à la quinte augmentée, comme on le voit aussi à la lettre C ; mais si c'est une autre note qui passe à la quinte augmentée ; il faut éviter cette quinte dans l'accord précédent, parce qu'on ne peut passer à la quinte augmentée par deux mouvements à la fois ; Voyez lettre B.

§ III.

MOUVEMENT DE L'ACCORD DE 7me DOMINANTE.

272. De toutes les dissonnances l'accord de septième dominante est le plus agréable à l'oreille. Le mouvement de cet accord fait considérer sa tierce comme note sensible ; il faut

25.

donc qu'elle monte sur la tonique de l'accord suivant, comme dans tous les accords qui ont une note sensible autre que la septième. La septième descend sur la tierce, soit majeure soit mineure. La quinte monte ou descend selon les circonstances. La figure suivante en offre des exemples :

§ IV.

MOUVEMENT DE L'ACCORD DE 7ᵐᵉ DIMINUÉE.

273. Cet accord a pour basse la note sensible du mode mineur, d'où il suit que cette note ne peut être doublée, et qu'il conduit à l'accord parfait mineur. La sensible monte à la tonique, la septième descend sur la quinte. La tierce et la quinte montent ou descendent en prenant le chemin le plus court pour arriver à une des notes de l'accord

parfait. La figure suivante donne des exemples du mouvement de cet accord dans tous ses renversemens.

§ V.

MOUVEMENT DE L'ACCORD DE 7me SENSIBLE.

274. Cet accord , à l'exemple de celui de quinte diminuée ,
se place sur la note sensible du ton majeur, ou sur le second
degré du ton relatif mineur : il s'en suit, qu'il est susceptible
de deux diverses résolutions. Quand il se résout sur le mode
majeur, la sensible doit monter et ne peut être doublée ,
et l'on retranche ordinairement la tierce. Dans le mode mineur il peut en être autrement. Dans tous les cas, la quinte
et la septième descendent ordinairement. Cet accord et ses
renversements sont fréquemment suivis des accords de
septième dominante qui leur correspondent. Voyez les exemples suivans :

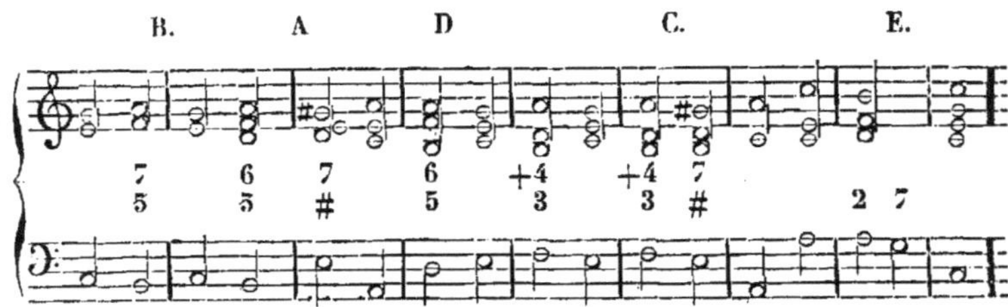

A la lettre **B**, la tierce est retranchée, et il se résout sur le mode majeur. A la lettre **A**, il est suivi de l'accord de septième dominante du ton relatif mineur, comme à la lettre **C**. Aux lettres **D C E** on a le premier, second et troisième renversement.

§ VI.

MOUVEMENT DE L'ACCORD DE 7me MINEURE

275. Cet accord n'est proprement que la prolongation de l'octave de la tonique d'une gamme majeure, qui vient former septième sur l'accord parfait mineur que donne le second degré de la gamme (Voyez Nº **216**, **228**.)

Pour employer cet accord, il faut que la septième se trouve déjà faire partie d'un accord précédent, c'est ce qu'on nomme *préparation*. La note qui fait septième doit descendre d'un demi-ton. Les autres notes prennent le chemin le plus court pour arriver à une des notes de l'accord suivant, qui souvent est un accord de septième dominante, après lequel arrive alors seulement l'accord parfait. Il suit de là que, quand l'accord de 7me mineure fait sa résolution sur celui de septième dominante, il se fait, avec la préparation, une suite de quatre accords ; quand il se résout lui-même, sur un accord parfait, il n'en faut que trois avec celui qui sert de préparation. La figure suivante en offre des exemples :

Les accords parfaits sous les lettres P contiennent l'octave de la basse UT qui sert de préparation à l'accord de septième mineure qui suit.

Aux lettres R, l'accord de septième mineure fait descendre sa septième d'un demi-ton et se résout sur celui de septième dominante qui, d'après sa marche ordinaire, se résout sur l'accord parfait.

De cette manière, il se fait une suite de quatre accords, savoir : celui de préparation ; celui de septième mineure, qui se résout en celui de septième dominante, après lequel vient l'accord parfait.

A la lettre **D**, le sol en passant forme un accord parfait en *sol* : aussi le chiffre de la basse l'indique.

Aux lettres **A. B. C. E.** on a les quatre faces de l'accord de septième mineure.

§ VII.

MOUVEMENT DE L'ACCORD DE 7ᵐᵉ MAJEURE.

276. Cet accord se pratique sur le premier et le quatrième degré du mode majeur, et sur le sixième du mode mineur. Voyez les N° 218. La note, qui fait septième majeure, doit être préparée, c'est-à-dire, se trouver dans l'accord qui précède celui de septième majeure. De l'accord de septième majeure on passe souvent à celui de septième sensible, de là à celui de septième dominante qui fait sa résolution sur un accord parfait ; il résulte ainsi une suite de cinq accords. Remarquez bien que, malgré que la note qui fait septième majeure ait été considérée, ci-devant, comme note sensible, elle doit toujours descendre ; elle n'est note sensible que dans sa notation, mais non dans son effet ; car elle n'est que la tierce du mode majeur ajoutée à l'accord parfait sur le quatrième degré du même mode. (Voyez N° 218.)

De ce que l'accord de septième majeure passe à celui de septième sensible, qui fait son mouvement sur celui de septième dominante lequel se résout sur l'accord parfait, il résulte que la basse procède par quinte en descendant ou par quarte en montant ce qui revient au même l'un étant le renversement de l'autre. On peut étudier toutes ces observations dans les exemples suivans :

Les accords sous les lettres **P**, contiennent la note de préparation qui sert de septième majeure à l'accord suivant.

Aux lettres **S**, l'accord de septième majeure est passé à celui de septième sensible qui se résout sur celui de septième dominante, lequel passe à l'accord parfait.

Dans les trois exemples on commence par le mode majeur et on finit par le relatif mineur.

On peut aussi commencer et terminer par le mode mineur ; cela dépend de l'accord qui sert de préparation, comme on le voit au second exemple. Au troisième, l'accord de préparation est celui de la dominante du ton mineur.

On peut pratiquer aussi la septième majeure en employant trois accords seulement. Après l'accord parfait préparatoire, on introduit celui de septième majeure qui fait sa résolution sur l'accord parfait de la sous-dominante, comme on le voit dans l'exemple de la lettre A.

§ VIII.

MOUVEMENT DE L'ACCORD DE SIXTE AUGMENTÉE.

277. Cet accord ayant un intervalle augmenté contient donc une note sensible qui est la sixte elle-même ; en cette qualité, il faut qu'elle monte d'un dégré et d'un demi-ton. Quand on emploie cet accord avec la *quinte* cette quinte devient tierce de l'accord parfait suivant, et la sixte augmentée monte à la quinte de cet accord. Dans l'accord de sixte augmentée, la basse doit toujours descendre d'un dégré et d'un demi-ton, elle fait exactement le mouvement contraire à la sixte. Si on emploie l'accord de sixte augmentée avec la *quarte* au lieu de la *quinte*, la sixte augmentée monte sur la tonique de l'accord parfait suivant, la quarte reste en place et devient quinte, dans l'accord suivant et la tierce descend à la tierce de cet accord. On comprendra mieux ces explications par les exemples de la figure suivante :

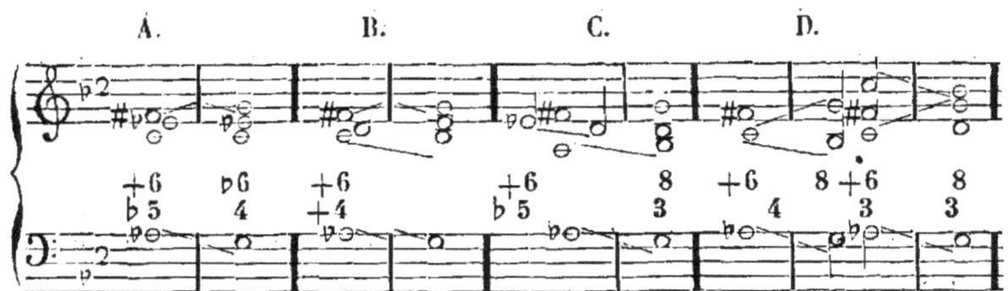

Lettre A. L'accord de sixte augmentée est construit avec sa quinte, dans ce cas, la basse se résout sur la quinte de l'accord suivant, et non sur la tonique de cet accord. Les trois notes ne peuvent descendre, car on aurait un mouvement semblable par quinte, ce qui est défendu. L'accord de sixte augmentée se résout donc ici sur l'accord parfait mineur, la tierce, restant en place, peut devient tonique, et si elle descend d'un ton elle forme un accord parfait majeur, qui serait ici en MI *bémol*.

Lettre B. L'accord de sixte augmentée, est employé avec la *quarte* au lieu de la *quinte*. Comme nous l'avons dit, cette quarte doit être d'un dégré et d'un demi ton en-dessous de la quinte. La sixte augmentée qui doit toujours monter, et la basse qui doit toujours descendre, vont toutes deux se résoudre sur la tonique de l'accord parfait suivant ; la tierce·descend d'un demi ton ou d'un ton et devient tierce majeure ou mineure dans l'accord de résolution ; la quarte reste en place et devient quinte dans cet accord.

Lettre C. Quand l'accord de sixte augmentée contient la quinte, on peut lui substituer immédiatement la quarte, et la résolution se fait comme à la lettre B.

Lettre D. Dans l'accord de sixte augmentée, on a supprimée la quinte et la quarte, on trouve quelquefois cet

26.

accord ainsi construit, surtout chez les maîtres de l'ancienne école italienne.

Remarquez que l'accord de sixte augmentée ne peut jamais se renverser, c'est-à-dire, que jamais une des notes supérieures ne peut à son tour, se trouver à la basse. Et quoique ces notes puissent se mettre dans diverses positions, ces positions ne comptent pas pour des renversements, puisque la basse exige invariablement la première note au grave.

§ IX.

MOUVEMENT DES ACCORDS DE 9ᵐᵉ MAJEURE ET MINEURE DOMINANTE.

278. Les accords de 9ᵐᵉ dominante, n'ont pas besoin de préparation comme les deux précédens, parce que, contenant la note sensible d'un ton, ils peuvent y marcher directement, comme tout accord non parfait qui contient une sensible ; c'est le motif pour lequel les deux accords rapportés aux Nᵒ 275 et 276, ne peuvent se résoudre directement sur un accord parfait.

Dans les accords de neuvième, la septième et la neuvième doivent descendre d'un degré. On peut retrancher la quinte de ces accords et aussi la septième, quand on ne veut conserver que trois parties. Leur mouvement se voit dans les exemples suivants :

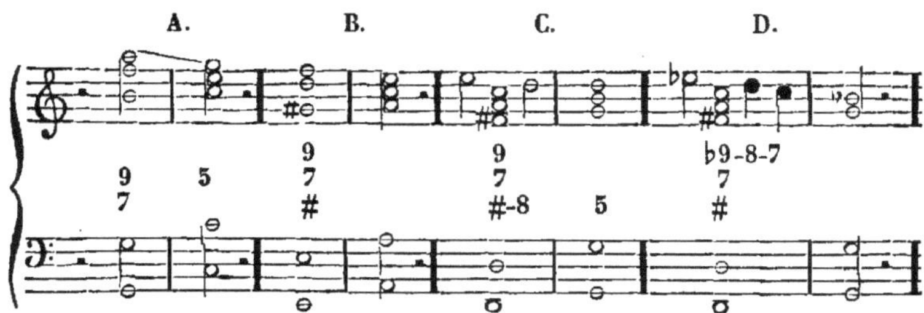

L'accord de 9me majeure dominante se résout ordinairement sur l'accord parfait en mode majeur, comme on le voit lettres A C, et celui de 9me mineure dominante sur le mode mineur, voyez lettres B D. Aux lettres A B, la quinte est supprimée.

ARTICLE IX.

Essai sur la mutation des accords.

279. Le mot *mutation* qui, d'après sa racine, signifie changement, reçoit en musique diverses significations : Castil-Blaze l'emploie pour désigner les changements des jeux d'orgue ; Rousseau distingue plusieurs espèces de mutations ; quant au genre, il les divise en diatonique, chromatique et enharmonique ; division qui est basée sur la définition que la mutation est une transition dans un **autre** ordre de sons.

280. Nos traités de composition musicale, sans parler de mutation, donnent cependant une règle qui est toute de *mutation diatonique.* C'est celle qui a pour but d'unir entr'eux les accords parfaits. Elle est conçue en ces termes ou à peu près : *pour unir entr'eux les accords parfaits, il faut préparer la quinte ; c'est-à-dire, qu'il faut que la note qui devient quinte de l'accord suivant, soit déjà entendue dans l'accord précédent.* En vertu de cette règle, on obtient une suite d'accords parfaits, tels qu'on les voit dans la figure suivante :

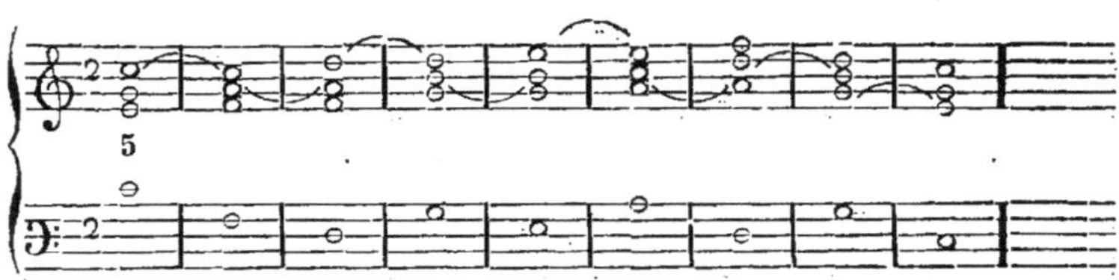

Il est a remarquer qu'en liant, d'après la règle ci-dessus, tous les accords parfaits, soit majeurs, soit mineurs, on trouve justement tous ceux dont nous avons parlé aux combinaisons mentionnées au N° 216 et qui sont tous des accords parfaits majeurs ou mineurs qui ont ensemble certains rapports, non pas, parce qu'une note de l'un sert de quinte à l'autre, mais parce que tous sont produit par une seule et même gamme sans sortir des intervalles, du genre diatonique. C'est ainsi que tous ceux qui se trouvent ci-dessus, ont leurs intervalles dans la gamme en UT *naturel.*

281. Quant à la règle ci-dessus, les conséquences qu'on peut en tirer, serviront à démontrer qu'elle est vicieuse et incomplète, et aideront à en établir une meilleure.

On a dit qu'il faut préparer la quinte, c'est-à-dire, *qu'une note de l'accord précédent doit servir de quinte à l'accord suivant*. Mais ne voit-on pas que, par cette règle, on exclut la quinte; car si la quinte du premier accord servait de quinte au second, tous deux seraient le même accord, puisqu'ayant une même note pour quinte, ils doivent avoir tous deux la même tonique ou fondamentale, dans le cas contraire tous deux ne seraient pas des accords parfaits.

La règle donnée ci-dessus se réduit donc à dire : *pour passer d'un accord parfait à un autre accord parfait, il faut que la tonique ou la tierce du premier accord, serve de quinte au second.*

Mais de ceci nous tirons une autre conséquence, et nous disons : *si la quinte du premier accord parfait ne peut servir de quinte au second, elle pourra servir de tonique ou de tierce à l'accord parfait suivant, et réciproquement.*

De tout ce qui précède il résulte suffisamment que la règle qui dit : *que la quinte qui doit être préparée ou que la note qui devient quinte de l'accord suivant, doit être entendue dans l'accord précédent,* est vicieuse et incomplète ; vicieuse, en ce que, si j'emploi la quinte du premier accord pour quinte du second, il ne s'opère pas de mutation ; incomplète, en ce qu'elle ne parle pas de la quinte du premier des deux accords.

Cette règle devrait être conçue comme suit :

282. Pour passer d'un accord parfait à un autre accord parfait, il faut ; *que la tonique ou la tierce du précédent serve de quinte dans l'accord suivant,* ou il faut *que la quinte du premier serve de tonique ou de tierce dans le second.* On en voit des exemples à la figure suivante :

Sous la lettre **A**, ut est fondamentale ; sous la lettre **B**, cet ut devient quinte de l'accord en fa. Sous la lettre **C**, ce même ut devient tierce mineur de l'accord en la *mineur*.

Sous la lettre **D**, sol est quinte de l'accord parfait en ut *majeur ;* sous la lettre **E**, cette quinte sol est devenue tierce mineure de l'accord parfait en mi *mineur ;* sous la lettre **F**, sol est devenu tonique du ton de sol *majeur.*

283. Par cette règle, il est démontré qu'il existe une mutation diatonique d'accords. Si elle existe pour le genre diatonique, pourquoi n'y aurait-il pas de mutation en chromatique et enharmonique d'accords ? puisque ces trois genres existent en musique ; c'est de ces mutations que nous allons nous occuper.

284. Nous avons vu ci-devant, qu'il y a des accords composés de trois notes, d'autres de quatre notes ; nous les divisons donc en deux classes. Il ne s'agit plus de passer d'un accord non-parfait à un accord parfait par l'effet des notes sensibles, comme nous l'avons vu dans le mouvement naturel des accords ; il s'agit ici, sans avoir égard aux notes sensibles, de passer d'un accord parfait à un accord parfait et d'un accord non-parfait à un accord non-parfait, en un mot, de changer un accord en un autre de son espèce ou de sa classe, c'est là proprement ce que nous nommons mutation des accords.

Les exemples qui seront donnés; ne seront pas notés dans tous les tons ; ce serait les reproduire trop souvent, tandis qu'il est facile à celui qui veut s'exercer, à faire des tableaux synoptiques dans le genre de ceux des accords, que nous avons donnés aux N†† 223, 227 et 231.

§ I.

ACCORDS COMPOSÉS DE TROIS NOTES.

285. Les accords composés de trois notes sont les accords parfaits majeur et mineur, celui de quinte diminuée et celui de quinte augmentée.

Tout accord de trois notes n'en peut donner, par mutation, un qui soit composé de quatre notes, à moins que celui-ci ne soit incomplet; c'est pourquoi, par la mutation des accords, nous ne pouvons sortir de cette classe : ainsi par la mutation de l'un, nous obtiendrons l'autre sans nous éloigner des accords parfaits, ni de ceux de quinte diminuée ou augmentée.

Pour la facilité et l'exactitude nous emploierons le mot *fondamentale* ou *première*, pour indiquer la basse de tout accord direct, comme nous l'avons déjà fait souvent.

MUTATION DIATONIQUE.

DES ACCORDS A TROIS NOTES.

286. Dans la mutation diatonique, nous ne pouvons sortir des intervalles du genre diatonique, à l'exemple de la mutation d'accords que nous avons vu N° 281. Ainsi, si nous voulons opérer les mutations dont l'accord parfait en UT

naturel est susceptible, nous ne pourrons employer ni dièses ni bémols, parce que la progression diatonique ou la gamme majeure de ce ton n'en contient pas : de même, si nous voulons opérer une mutation diatonique par un accord de quinte augmentée, par exemple, par celui que donne le ton de LA *mineur* qui est UT-MI-SOL *dièse*, on ne pourra employer d'autres dièse que le SOL. Si on en employait d'autre ou si l'on faisait disparaître le SOL *dièse*, il y aurait mutation chromatique et non diatonique. Mais si, par la mutation diatonique, vous êtes parvenu à un autre ton, vous pouvez, en suivant la même règle, passer encore et consécutivement à un ton nouveau, pourvu que les dièses ou les bémols employés appartiennent au genre diatonique : ainsi, en changeant UT-MI-SOL en UT-FA-LA, la tonique UT est devenu quinte du ton de FA. Si nous prenons FA à son tour pour devenir quinte d'un ton nouveau, nous aurons RÉ-FA-SI *bémol*, et malgré le SI *bémol*, nous ne sortons pas du genre diatonique, parce que la gamme en FA demande le SI *bémol*. Nous reviendrons à ces explications : commençons par établir la règle suivante :

RÈGLE.

287. *La première ou la tierce d'un accord à trois notes, peut servir de quinte dans l'accord suivant ; ou la quinte du premier, peut servir de première ou de tierce dans le second.*

Cette règle a pour effet d'opérer les mouvemens suivants :

La première descend ou la quinte monte d'un degré, ou la fondamentale et la tierce descendent, ou la tierce et la quinte montent d'un degré, et chacun de ces mouvemens opère une mutation ou un changement qui donne un nouvel accord.

Ainsi tout accord de trois notes,. donne, par la mutation diatonique, quatre nouveaux accords, deux par le mouvement d'une note, savoir : de la première ou de la quinte ; et deux par le mouvement de deux notes ; savoir : par le mouvement de la première et de la tierce, ou de la tierce et de la quinte.

288. Les exemples de la figure suivante justifient ce que nous venons d'avancer ; on y voit tous les accords à trois notes, soumis à la même règle. Les notes qui sont montées ou descendues, c'est-à-dire, celles qui ont opéré la mutation, sont les noires ; les autres sont des blanches.

Aux lettres A, la quinte de l'accord est montée d'un degré sans sortir du ton, et de toute part on a obtenu un accord parfait au premier renversement. Quant à l'intervalle, au N° 2, A, la quinte sol est montée à la *bémol*, parce que dans le ton d'ut *mineur*, le la est bémolisé. Au N° 4, le sol *dièse* est montée au la *naturel*, parce qu'en la *mineur*, d'où est provenu cet accord de quinte augmenté, le la est naturel. Aux lettres B. la fondamentale est descendue d'un degré sans sortir du ton. On a obtenu par-là des accords parfaits au second renversement, excepté au N° 2, lettre B, où, à cause du mi *bémol* qui entre dans ce ton mineur, le si *naturel* donne le second renversement de l'accord de quinte augmentée du ton d'ut *mineur*.

Aux lettres C, la tierce et la quinte sont montées ensemble d'un degré ; cette mutation a produit des accords parfaits au second renversement. Au N° 2, C, l'accord est en fa *mineur* à cause du la *bemol* qui entre dans le ton d'ut *mineur*. Au N° 3, C, l'accord est en mi *mineur,* à cause du sol *naturel* que donne le ton d'ut.

Aux lettres D, la tonique et la tierce sont descendues et ont produit un accord parfait, excepté au N° 4, D, où l'on a le premier renversement de quinte diminuée à cause du sol *dièse* qui se trouve dans le ton de la *mineur*.

289. Quand il s'agit de parcourir successivement tous les tons, par des accords parfaits, au moyen de la mutation diatonique, la règle ci-dessus reçoit une restriction ; alors elle doit se borner à celle-ci :

La quinte de l'accord précédent peut servir de tonique à l'accord suivant ; ou la tonique du premier, peut servir de quinte au second.

Dans les exemples suivants on voit la quinte du premier accord servir de tonique au second, c'est ce qui fait que la basse marche par quinte en montant, elle est toujours fondamentale de l'accord, et on parcourt tous les tons, parce qu'on change de ton par la tonique de la seconde section de la gamme, moyen que nous avons employé pour former des gammes dans tous les tons, comme il est dit au N° 78, 95, 121, I.

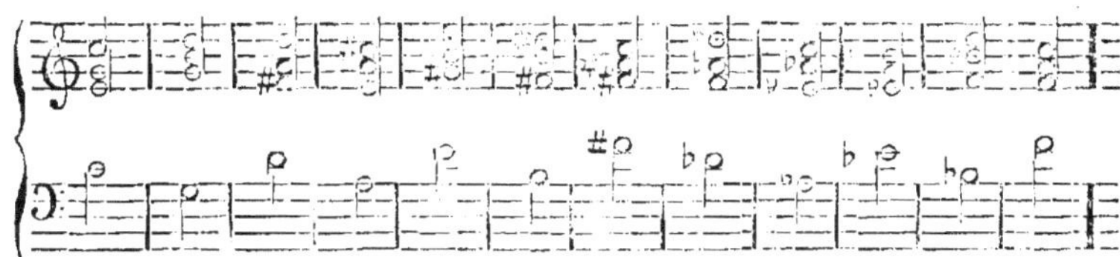

290. Dans l'exemple suivant on voit la tonique du premier accord servir successivement de quinte au second. C'est aussi le motif pourquoi la basse marche par quinte en montant ou par quarte en descendant, ce qui revient au même, puisque la quarte n'est que le renversement de la quinte. La basse est toujours la fondamentale de l'accord. On parcourt tous les tons, et l'on procède en un ton avec un dièse de moins ou un bémol de plus, parce que, au lieu d'employer, comme dans l'exemple précédent, la tonique de la seconde section pour fondamentale d'un ton nouveau, on se sert de la seconde tonique de la première section pour quinte du nouveau ton, ce qui correspond à la marche suivie, N° 99, 121.

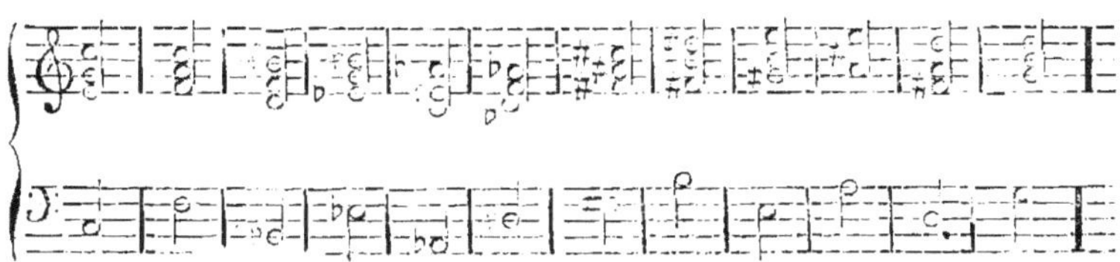

Remarquez que ces mutations diatoniques peuvent se faire dans le mode mineur, comme dans le majeur, parce que, en changeant de mode, on n'altère que la tierce et nullement la tonique ni la quinte.

Remarquez encore qu'on ne peut faire de mutation diatonique dans tous les tons par une suite d'accords de quinte diminuée ou de quinte augmentée, parce que contenant une note sensible, chacun d'eux peut se résoudre sur un accord parfait et que d'ailleurs, ces accords n'ont pas de fondamentale. Leurs seules mutations diatoniques sont donc celles démontrées N° 287 et 288.

MUTATION CHROMATIQUE DES ACCORDS
A TROIS NOTES.

291. Pour opérer la mutation chromatique, chaque accord doit conserver ses notes au même degré, mais on peut en altérer les intervalles en introduisant soit un ou deux dièses soit un ou deux bémols ; car si nous changions le degré, il y aurait plutôt mutation diatonique. Dans les accords à trois notes dont nous nous occupons actuellement, on peut opérer une mutation chromatique en diésant ou bémolisant au moins une des trois notes, mais, dans cette opération, on ne peut employer les bémols ou les dièses de manière à produire des tierces augmentées ou diminuées ; car ces intervalles n'existent pas en harmonie : on ne peut donc avoir que tierces majeures et mineures : il suit de là que la mutation chromatique ne produira jamais d'autres accords à trois notes que l'accord parfait majeur ou mineur, celui de quinte diminuée et celui de quinte augmentée, parce que, dans la composition des accords, il n'entre que des tierces mineures

et majeures : en effet, l'accord de quinte augmentée est composé de deux tierces majeures, et les accords parfaits sont composés de tierces majeure et mineure. Par ce qui précède nous établissons la règle suivante :

292. *Pour opérer une mutation chromatique dans un accord à trois notes, on peut altérer une au moins des notes de l'accord, de manière cependant à n'avoir jamais d'intervalle de tierce diminuée ni augmentée.*

En effet, l'intervalle de tierce diminuée n'est pas admis, parce qu'il correspond à celui de seconde majeure étant d'un ton. L'intervalle de tierce augmentée ne peut exister d'avantage, parce qu'il correspond à celui de quarte juste qui est de deux tons et demi. Les exemples suivans offrent l'application de cette règle :

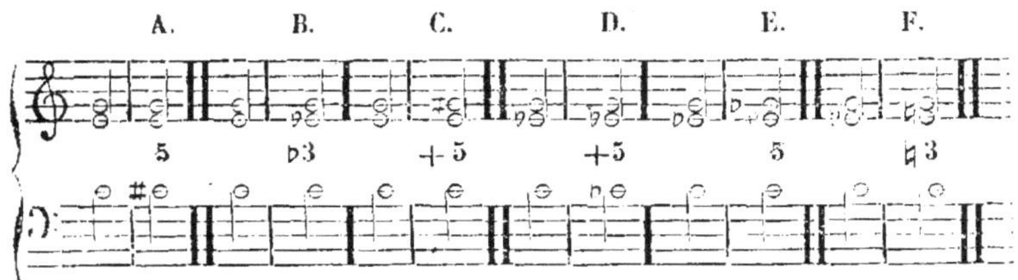

Sous la lettre A, l'accord parfait est changé en celui de quinte diminuée par l'UT *dièse*. Sous la lettre B, l'accord parfait majeur est changé en mineur par le MI *bémol*. A la lettre C, l'accord parfait est changé en celui de quinte augmentée par le SOL *dièse*. Aux lettres D, E, F, les mutations procèdent du mode mineur, la première sous la lettre D, est un accord de quinte augmentée à cause de l'UT *bémol*. La seconde sous la lettre E est un accord de quinte diminuée à cause du SOL *bémol,* et la troisième n'est que le changement de mode.

293. Les exemples suivants présentent les mutations chromatiques pour les accords de quinte diminuée et de quinte augmentée.

Sous la lettre A, vous avez l'accord de quinte augmentée changé chromatiquement en accord parfait par le SOL *naturel* qui remplace le SOL *dièse.* A la lettre B, vous avez ce même accord changé en celui de UT *dièse mineur,* par l'UT qui est diésé. Ce sont là les deux changemens chromatiques que donne l'accord de quinte augmentée. On peut les transporter dans tous les tons.

A la lettre C, l'accord de quinte diminuée est changé en accord parfait du ton de SI *bémol.* A la lettre D, il est changé en SI *naturel mineur.*

A la lettre E, le SI et le RÉ *bémols,* en font un accord parfait mineur en SI *bémol;* sous la lettre F, il est changé en accord parfait de SI *naturel majeur :* ce sont les seules mutations chromatiques que l'on puisse faire sur l'accord de quinte diminuée, du moins, si l'on veut rester dans la classe des accords à trois notes.

Sous la lettre G, on trouve la seule mutation enharmonique que donnent les accords à trois notes, le SOL *dièse* de l'accord de quinte augmentée est changé en LA *bémol,* et par là on obtient un accord de quinte augmentée dont la fondamentale est ici LA *bémol* et qui se trouve au premier renversement. Voyez N° 244.

ACCORDS A QUATRE NOTES.

294. Les accords composés de quatre notes sont ceux de 7me dominante, de 7me sensible, de 7me diminuée, de 7me majeure et de 7me mineure.

Tout accord à quatre notes doit par la mutation en donner un également à quatre notes, à moins qu'il ne s'écarte de la classe à laquelle il appartient : ainsi, par la mutation de l'un des accords ci-dessus, nous devons obtenir l'autre. C'est ainsi qu'en montant d'un dégré la première note de l'accord de septième dominante, on obtient le troisième renversement de l'accord de septième sensible. Nous nommerons également première la basse de chaque accord dans sa position directe.

MUTATION DIATONIQUE DES ACCORDS
A QUATRE NOTES.

295. Dans la mutation diatonique on ne peut sortir des intervalles donnés par le genre diatonique de chaque ton, nous renvoyons donc à cet égard aux observations faites au N° 286 ci-dessus.

On peut opérer la mutation diatonique des accords à quatre notes, c'est-à-dire, des accords de septième généralement, de quatre manières différentes ; savoir : la tierce du premier peut devenir quinte du second, c'est ce qu'on obtient en descendant la septième d'un degré, ou la quinte du premier peut devenir tierce du second, ce qui se fait en haussant la fondamentale d'un degré, ou la fondamentale du premier devient quinte du second, ce qui arrive en descendant d'un degré la quinte et la septième ensemble, ou la quinte du premier devient fondamentale du second, ce qui s'obtient en montant d'un degré la fondamentale et la tierce.

Toutes les mutations diatoniques des accords de 7me s'opèreront au moyen de ces quatre règles, chacune d'elles sera démontrée sur tous les accords de septième sans exception :

296. 1° *Descendez la septième d'un degré ;* l'effet de cette mutation est, que la tierce est devenue quinte, comme on le voit aux exemples de la figure suivante :

La mutation produite par la septième descendue d'un degré, dans tous les accords donne le premier renversement d'un autre accord de septième, c'est-à-dire, celui avec quinte et sixte dont nous avons parlé N° 225, II. Si ce renversement était remplacé par la face directe, on verrait que la tierce du premier est devenue quinte du second accord.

Sous la lettre **A**, on a le premier renversement de l'accord de septième mineure sur la basse ʍɪ. A la lettre **B**, on a celui de septième dominante sur la fondamentale ꜱᴏʟ. A la lettre **C**, on a de même un accord de septième dominante sur la fondamentale ʍɪ. A la lettre **D**, on a le premier renversement de l'accord de septième mineure sur la fondamentale ʀÉ.

297. 2° *Montez la première note d'un degré.* Si, au lieu de descendre la septième note d'un degré, on monte la première, la quinte du premier accord devient tierce du second, comme on peut le voir aux exemples de la figure suivante :

La mutation produite en montant d'un degré la première de chaque accord de septième, donne le troisième renversement d'autres accords de septième ; si tous ces accords étaient directs, on verrait que la quinte du premier est devenu tierce du second ; c'est l'inverse de la règle précédente.

Sous la lettre **A**, on a le 3ᵐᵉ renversement de l'accord de septième sensible. A la lettre **B**, on a le 5ᵐᵉ renversement de l'accord de septième mineure sur la basse ʀÉ. A la lettre **C**, on a le même accord qu'à la lettre **A**. A la lettre **D**, on a le troisième renversement de l'accord de septième majeure sur la basse ꜰᴀ. A la lettre **E**, la mutation change l'accord de 7ᵐᵉ majeure, en celui de 7ᵐᵉ mineure qui a ʟᴀ pour basse.

298. *Descendez d'un degré la qniute et la septième.* En ce cas la fondamentale devient quinte dans l'accord suivant, comme on le voit aux exemples de la figure suivante :

Cette mutation produit partout le second renversement. **A,** l'accord de septième dominante est changé en celui de septième majeure. **B,** celui de septième sensible est changé en celui de septième mineure sur la basse MI. **C,** l'accord de septième diminuée n'opère pas de mutation d'après cette règle, car le produit n'en serait pas un accord de septième. C'est la seule exception qui existe dans ces mutations. **D,** l'accord de septième mineure est changé en celui de septième dominante. **E,** l'accord de 7me majeure est changé en celui de 7me sensible.

299. *4° Montez d'un degré la fondamentale et la tierce.* Par cette mutation, il se fait que la quinte du premier accord, devient fondamentale du second. On peut s'en rendre compte aux exemples de la figure suivante :

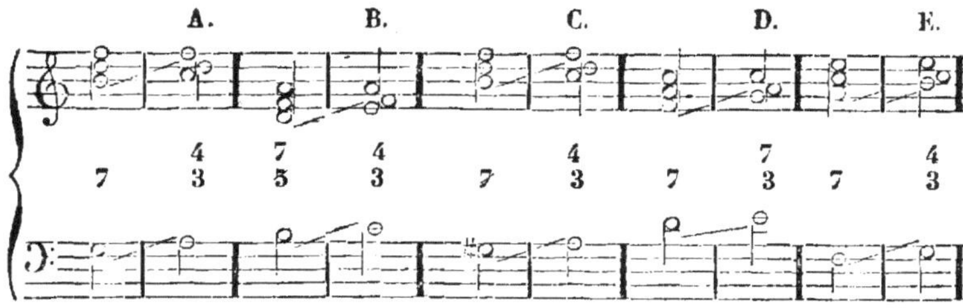

Ces mutations produisent encore, comme les précédentes, le second renversement de divers accords de septième.

A, l'accord de septième dominante est changé en celui de septième mineure sur la basse RÉ. B, l'accord de septième sensible produit celui de septième majeure sur la basse FA. C, l'accord de septième diminuée donne celui de septième mineure sur RÉ. D, celui de septième mineur est resté septième mineure, mais il a la note LA pour basse. E, l'accord de septième majeure reste septième majeure également, mais sur la fondamentale UT.

300. Les mutations produites par ces quatre règles, ont donné les trois renversements des accords de septième : en effet, les mutations, selon la règle du N° 296, ont produit le premier renversement. Les mutations, selon les règles des N°ˢ 298, 299, ont produit le second renversement, et celles, d'après la règle du N° 297, ont donné le troisième renversement.

Toutes les mutations qui précèdent, partent d'un accord de septième dans sa face directe, dont on a changé une ou deux notes ; mais de ceci il résulte, que, quand on a le premier, le second ou le troisième renversement d'un accord de septième, on peut, en changeant une ou deux notes, et passer ainsi à un accord de septième qui se trouvera dans sa face directe, car dans les mouvements et les mutations des accords, chaque règle a pour corrélatif, l'inverse de cette règle ; ainsi, comme en descendant la 7ᵐᵉ d'un accord direct, on obtient le premier renversement d'un autre accord de 7me, en remontant cette note on revient sur l'accord direct d'où l'on est parti : à cet effet, nous établirons les règles qui suivent :

1° Dans le premier renversement d'un accord de septième, montez la sixte d'un degré, et vous aurez un autre accord de septième dans sa position directe.

Les exemples donnés N° 296, suffisent pour se rendre raison de cette règle.

2° Si vous avez le second renversement d'un accord de septième, descendez la basse et la tierce, ou montez la quarte et la sixte et vous rentrez dans la face directe. Voyez les exemples des N°ˢ 298, 299.

3° Dans le troisième renversement d'un accord de septième, descendez la basse d'un degré et vous obtiendrez le même résultat, Voyez les exemples du N° 297.

En général toutes les règles en musique, relatives aux accords sont réciproques, parce que si l'on peut passer d'un accord à un autre, on peut donc aussi revenir au premier d'où l'on est parti.

MUTATION CHROMATIQUE.

301. Comme nous l'avons fait observer N° 291, dans la mutation chromatique, il faut que chaque accord conserve ses notes au même degré ; mais on peut en altérer les intervalles en employant un ou deux dièses ou bien un ou deux bémols ; mais, dans cette opération on doit se garder de produire des tierces diminuées ou augmentées, qui, comme nous l'avons dit, sont des intervalles rejetés de l'harmonie, et, comme tous nos accords de septièmes sont composés de tierces majeures et mineures, il s'en suit que, par la mutation chromatique, nous n'au-

rons jamais pour résultat que des accords de septième :
Ceci étant posé, nous pouvons établir la règle comme
suit :

302. *Pour opérer une mutation chromatique dans un
accord à quatre notes, il faut bémoliser ou dièser une ou
deux des notes de l'accord, ou retrancher un ou deux
dièses ou un ou deux bémols, de manière cependant à ne
produire jamais d'intervalle de tierce diminuée ni augmentée.*
Nous avons expliqué, N° 292, pourquoi ces tierces sont
hors d'usage : nous ferons voir les mutations chromatiques
résultant de chaque accord de septième séparément, en
commençant par celui de septième dominante, dont les
exemples suivent :

A, l'accord de septième dominante est changé en celui
de septième diminuée, au moyen du SOL *dièse*. B, le FA
dièse le change en celui de septième majeure. C, le SI
bémol en fait un accord de septième mineure. D, le SOL
dièse et le FA *dièse,* ou ce qui revient au même à la lettre
E, le SI *bémol* et le RÉ *bémol,* le changent en celui de septième sensible.

303. La figure suivante donne des exemples de la mutation chromatique de l'accord de septième sensible :

A, l'accord de septième sensible est changé en celui de
septième majeure, au moyen du si *bémol.* B, le LA *bémol*
le change en celui de septième diminuée. C, la FA *dièse,*
le change en celui de septième mineure. Aux lettres D
et E, la tierce et la quinte diésées, ou la basse et la
septième bémolisées, ce qui est une même opération ;
quant aux intervalles qu'elle produit, font changer cet
accord en celui de septième dominante.

304. Les mutations chromatiques pour l'accord de septième diminuée sont les suivantes :

A, l'accord de septième diminuée est changé en celui de

septième dominante par le sol qui est devenu naturei. ᴅ, le ꜰᴀ *dièse* joint au sol *dièse* en font un accord de septième sensible. C, le ꜰᴀ *dièse* restant et le sol devenant naturel, le changent en un accord de septième majeure. Aux lettres D et E, la quinte et la septième diésées, ou la tonique et la tierce descendue d'un demi-ton, en font un accord de septième mineure.

305. La figure suivante donne les mutations chromatiques de l'accord de septième mineure :

A, l'accord de septième mineure est changé en celui de septième sensible au moyen du ʟᴀ *bémol*. B, le ꜰᴀ *dièse* le change en celui de septième dominante dont ʀᴇ est la fondamentale. Aux lettres C et D, la première et la tierce diésée ou la quinte et la septième bémolisées, en font un accord de septième diminuée. Aux lettres E et F, la tierce et la septième diésées, ou la fondamentale et la quinte bémolisées, le changent en l'accord de septième majeure.

306. Les mutations chromatique pour l'accord de septième majeure sont les suivantes :

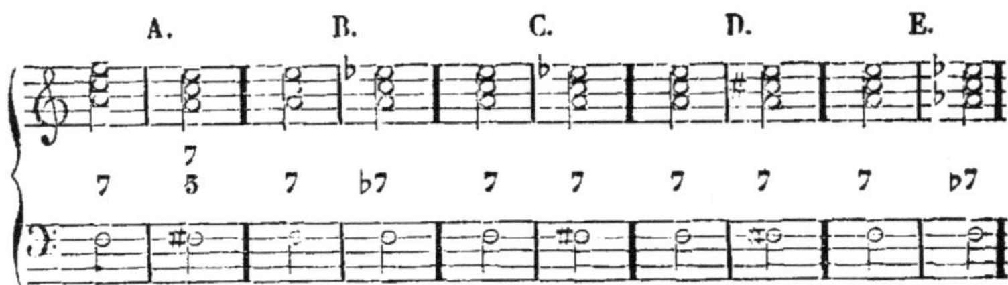

A, l'accord de septième majeure se trouve transformé en celui de septième sensible, au moyen du FA *dièse*. **B**, le MI *bémol* le fait changer en celui de septième dominante. **C**, la fondamentale étant diésée et la septième bémolisée, on obtient l'accord de septième diminuée. Aux lettres **D** et **E**, la fondamentale et la quinte étant diésées, ou la tierce et la septième bémolisées, de part et d'autre on obtient l'accord de septième mineure. Dans toutes ces opérations, on se conduit comme on veut, pourvu qu'on n'ait jamais pour résultat des tierces augmentées ou diminuées, mais bien des tierces mineures et majeures.

MUTATION ENHARMONIQUE.

307. Nous avons déjà parlé du genre enharmonique, Nº 168 et suivans ; il consiste à substituer à une note une autre note qui représente le même son, comme, par exemple, un UT *dièse* à un RÉ *bémol ;* mais la mutation enharmonique d'accords consiste à substituer à une note une autre qui lui est homologue ; et à changer ainsi de ton sans avoir une autre espèce d'accord. Déjà nous en avons eu un exemple à la fin du Nº 293, où l'on trouve l'accord de quinte

augmentée changé enharmoniquement en un autre accord
de quinte augmentée. Après celui-là, il n'y a proprement
que l'accord de septième diminuée, sur lequel on puisse
pratiquer la mutation enharmonique, parce que toutes
les tierces qu'il donne sont semblables ; il n'est composé
que de tierces mineures superposées : qu'on prenne donc
de ses quatre sons celui qu'on voudra pour basse, on
aura toujours trois tierces mineures superposées, bien entendu, en notant la note supérieure de manière à former
tierce mineure sur la quinte ; ainsi, si au lieu de SOL *dièse*,
SI-RÉ-FA, je commence cet accord par la note SI, j'aurai
SI-RÉ-FA-SOL *dièse ;* mais en écrivant cette dernière note de
manière à former tierce mineure sur le FA, j'aurai SI-RÉ-FA-
LA *bémol,* qui est un accord de septième diminuée, c'est-
à-dire, de la même espèce que le premier. L'accord de septième diminuée, sans prendre d'autres sons, peut donc
être changé par la mutation enharmonique en quatre différents tons, et comme la basse de cet accord est toujours
une note sensible, il offre quatre modulations différentes,
comme nous le voyons à la figure suivante :

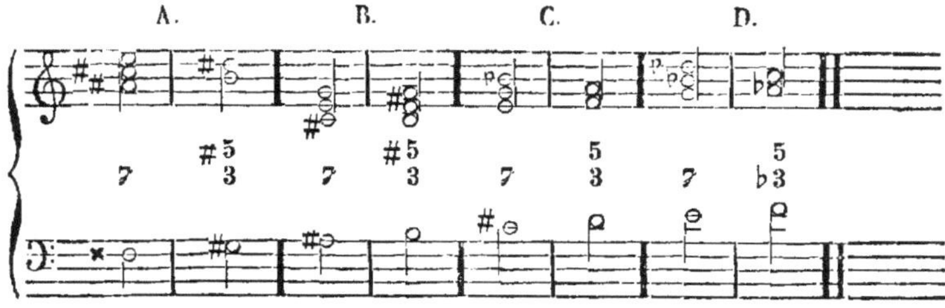

A la lettre A, l'accord de septième diminuée ayant pour
basse le FA *double dièse,* mène au ton de SOL *dièse* mineur,

29.

dont FA *double dièse* est la note sensible. A la lettre B, l'accord de septième diminuée commence par LA *dièse,* tierce du précédent, la note qui fait septième contre la basse, est SOL *naturel,* qui remplace par le changement enharmoque le FA *double dièse* de l'accord précédent ; ce nouvel accord de septième, qui ne contient que les mêmes sons du premier, appartient cependant à un autre ton, savoir : à celui de SI *mineur,* sur lequel il se résout. A la lettre C, le LA *dièse* est changé enharmoniquement en SI *bémol;* cette mutation produit un nouvel accord de septième diminuée, qui appartient au ton de RÉ *mineur,* sur lequel il conduit. A la lettre D, l'UT *dièse* du précédent accord de septième diminuée, est changé enharmoniquement en RÉ *bémol,* qui forme septième diminuée contre la basse MI ; ainsi, en conservant les mêmes sons, on change tonjours de ton, et l'on obtient ici l'accord de septième diminuée du ton de FA *mineur,* sur lequel il se résout.

309. A la faveur de ces quatre différentes manières de travailler les mêmes sons, on peut passer d'un ton à un autre qui en parait fort éloigné, et l'on donne aux parties des progrès différens de celui qu'elles auraient dû avoir en premier lieu. Ces passages ménagés à propos sont une source de variétés et de beautés. Bien qu'on vienne de voir que l'accord de septième diminuée se résout sur le mode mineur, parce que cet accord appartient proprement à ce mode, comme nous l'avons vu Nos 230, 231 et 273, il peut cependant aussi se résoudre sur le mode majeur : on peut aussi changer sa basse en dominante, comme il est démontré N° 304, A ; car dans les modulations il faut varier à propos et se servir tantôt d'une mutation chromatique ou enharmonique, selon que l'on veut opérer des transitions plus ou moins éloignés du ton principal du morceau. Tout ceci regarde l'étude de la composition qu'on ne peut cultiver avec fruit sans connaître le mécanisme des accords.

ARTICLE X.

De l'analyse Mélodique.

310. Il faut distinguer en musique trois espèces d'analyses, l'analyse rhythmique, l'analyse harmonique et l'analyse mélodique. Je me permets l'usage de ce dernier mot, parce qu'il me parait rendre mieux l'idée que j'y attache que tout autre.

L'analyse rhythmique consiste à démontrer dans un chant quelconque ce qui appartient à chaque tems, à chaque mesure, la durée des notes, et le mouvement qui résulte de la vitesse ou de la lenteur.

L'analyse harmonique consiste à reconnaître les diverses espèces d'accords qui se présentent, les faces dans lesquels ils se trouvent, quelles modulations et quelles transitions leur mouvement a produites.

L'analyse mélodique a pour objet de démontrer quelle gamme ou quelle partie de gamme, quel accord ou quelle partie d'accord ont été employé dans la formation de tel tems, de telle mesure ou de telle phrase d'un chant donné.

L'analyse rhythmique est enseignée partout; c'est de quoi les maîtres de musique s'occupent le plus, et souvent sans songer à faire analyser la mesure avant de la faire exécuter. Nous en avons dit un mot N° 55, et dans bien d'autres endroits du chapitre premier.

L'analyse harmonique est suffisamment enseignée ci-dessus en traitant des accords, N° 212 et suivants, 219, 220 et suivants, et notamment N°s 227 et 232.

311. Nous nous proposons ici de donner une idée juste de l'analyse mélodique, telle que nous l'entendons.

Nous avons déjà dit que nous ne reconnaissons en musique que deux élémens principaux qui sont les *gammes* et les *accords ;* que toute progression de notes par *degrés conjoints* est gamme ou partie de gamme, que toute marche par *degrés disjoints,* est accord ou partie d'accord, et comme il est physiquement impossible qu'il y ait d'autre succession de notes dans un chant quelconque, il s'en suit que tout chant peut être décomposé et rapporté aux gammes et aux accords.

312. On doit convenir avec nous, que le musicien qui sait décomposer un chant de la manière que nous l'indiquons et qui sait reconnaître et peut exprimer par la voix les gammes et les accords, doit entonner avec assurance et justesse les sons et les intervalles, et doit posséder en perfection l'art de *l'intonation et du chant,* surtout quand il y joint l'habitude de la mesure ou du rhythme, et la manière de bien diviser un chant en phrases et parties de phrases. Nous pouvons donc définir *l'intonation*, l'art de rendre ou d'exprimer par des sons justes les divers éléments qui résultent de la combinaison des intervalles. Les éléments que l'on rencontre toujours en décomposant un chant donné, seront la gamme, dans les deux modes, chacune a son intonation propre sous ses douze différentes formes, enfin, l'accord de 9me, qui renferme ceux de *quinte sensible* ou *quinte diminuée,* de 7me *dominante*, de 7me *sensible*, et de 7me *diminuée,* tous accords qui ont chacun leur *intonation propre* et toujours la même n'importe qu'ils se trouvent dans un des 12 tons dans lesquels on peut les écrire.

Ordinairement on enseigne le solfège sans faire connaître les vrais éléments du chant. Est-ce parce qu'on croit que la connaissance des gammes et des accords dépasse l'intelligence des jeunes élèves, ou est-ce un vice dans l'enseignement ? Nous nous bornerons à dire qu'il faut tant d'années de travail et de persévérance, parce que les élèves ne connaissent pas les élémens essentiels du chant. On reconnaît cependant la vérité que nous avançons ici dans plusieurs méthodes d'instruments, mais souvent encore d'une manière incomplète. Ces méthodes disent que l'exercice des gammes est essentiel pour apprendre le mécanisme d'un instrument ; mais, outre les gammes, nous avons les accords : l'un est aussi essentiel que l'autre. C'est le mécanisme de la mélodie qu'il faut apprendre, il consiste en gammes et accords, parce que toute mélodie marche par degrés conjoints ou par degrés disjoints. Le morceau suivant donne un exemple d'analyse mélodique ; on pourra s'exercer à décomposer tout autre chant en rapportant toute succession de notes aux deux élémens principaux de la musique.

Un autre avantage attaché à l'analyse mélodique ; c'est que quand on a ainsi décomposé un chant, on sait tous les tons et mêmes toutes les modulations qu'il renferme, et l'on pourrait déterminer en grande partie les basses et les accords qui peuvent lui convenir.

EXEMPLE D'ANALYSE MÉLODIQUE.

N° 1. Partie de l'accord parfait en SOL *mineur*.
2. Partie de la gamme en SOL *mineur*.
3. Accord de 7ᵐᵉ diminuée, sur la note sensible du ton susdit.
4. Partie du même accord.
5. Partie de la gamme et de l'accord du ton susdit.
6. Accord parfait en MI *bémol* majeur.
7. Accord parfait en FA *mineur*.
8. Accord de 7ᵐᵉ dominante en MI *bémol*.
9. Accord parfait en SOL *mineur*.
10. Comme le N° 4.
11. Comme le N° 5.
12. Accord de 5ᵗᵉ diminuée ou 5ᵗᵉ sensible, sur la note sensible du ton de MI *bémol*.
13. Partie de l'accord parfait en MI *bémol majeur*.
14. Partie de l'accord parfait en UT *mineur*, ou de l'accord de 7ᵐᵉ sensible en SI *bémol*.
15. Accord parfait en UT *mineur*.
16. Accord parfait en SI *bémol*.
17. Partie de l'accord de 5ᵗᵉ sensible en UT *mineur*.

18. Accord de 5te sensible susdit.

19. Partie de l'accord parfait en UT *mineur*.

20. Partie de l'accord de 7me dominante en SI *bémol*.

21. Accord de 5te diminuée ou 5te sensible, en SI *bémol*.

22. Partie de l'accord parfait en SI *bémol*.

23. Accord parfait en SOL *mineur*.

24. Accord parfait en SI *bémol majeur*.

25. Accord parfait en LA *bémol majeur*.

26. Partie de l'accord de 7me dominaute ou de 5te diminuée, en LA *bémol majeur*.

27. Accord parfait en MI *bémol majeur*.

28. Accord de septième dominante, en LA *bémol*.

29. Accord parfait majeure du même ton.

30. Accord de 5te diminuée du ton de SI *bémol*.

31. Accord de 7me diminuée en SOL *mineur*.

31 *bis*. Accord de 9me mineure dominante du même ton.

32. Accord parfait en RÉ *majeur*.

33. Partie de la gamme en SOL *majeur*.

34. Partie de l'accord parfait du même ton.

35. Partie de l'accord de 5te diminuée, ou de 7me dominante du même ton.

36. Partie de la gamme en SOL *majeur*.

37. Accord de 7me dominante en RÉ *majeur*.

38. Partie de la gamme RÉ *majeur*.

39. Accord de 9me majeure dominante en SOL.

40. Partie de la gamme en SOL *majeur*.

41. Partie de l'accord parfait du même ton.

42. Partie de la gamme en RÉ *mineur*.

43. Partie de l'accord parfait du même ton.

44. Partie de la gamme en UT *mineur*.

45. Partie de l'accord parfait du même ton.

46. Partie de l'accord parfait en LA *bémol majeur*.

47. Accord parfait en UT *mineur*.

48. Accord de 7me dominante en RÉ.

49. Accord parfait en LA *naturel mineur*.

50. Partie de l'accord de 7me dominante en SOL.

51. Comme les numéros 1 et 2.

52. Partie de l'accord de 7me dominante en SI *bémol.*

53. Partie de la gamme en SI *bémol majeur.*

54. Partie de l'accord parfait et gamme en MI *bémol majeur.*

55. Accord de 7me dominante en LA *bémol.*

56. Tierce majeur de l'accord parfait en LA *bémol.*

57. Accord parfait en SOL *mineur.*

58. Accord de 5te diminuée en SI *bémol,* ou partie de l'accord de 7me diminuée en SOL *mineur.*

59. Partie de la gamme et de l'accord parfait en SOL *mineur.*

60. Partie de l'accord parfait en RÉ ou de l'accord de 7me dominante en *sol.*

Double. Doubles croches, 13 à 16.

Doubles. Agréments. 33.

Double-bémol. Ne peut dans la notation être remplacé par une note naturelle homologue. 65. — Tons avec double-bémols, 65, N° 110 et 66.

Double-dièse. 59. 225, 226. — Ne peut dans la notation être remplacé par une note naturelle homologue. 55. — Tons avec double-dièses, 55, N° 90.

Douze de huit, douze de quatre. Mesures. 21.

Double-octave. 7.

Durée. Durée relative des sons. 12 à 16.

Echelle. Succession diatonique. 44 à 48.

Effet. Musique pratique, 5. 226.

Egal. Tétracordes égaux, 48. — Tempérament égal. 117. 118.

Enharmonique. Changement enharmonique dans la formation des gammes, 75. III, 94, IV. — Gammes homologues ou tons enharmoniques. 72. 73, 91, 92. — Genre enharmonique, 102, 103. — Mutations enharmoniques. 224, 225.

Ensemble. Voyez *Musique*, définition.

Entonner. Former les sons avec justesse en appliquant l'intonation commune à chaque espèce de gamme et d'accord, dont tout air est composé. 42, 43, 144. VII, 156, I. 228.

Espace. Étendue d'un son à un autre. 44.

Étendue. Distance entre deux sons différents, 44.

Exécution. Musique mécanique ou opérative, 4.5.

Expression. Termes d'expression. 38, N° 67, et 39, 40.

Expressivo. Terme d'expression. 39.

Fa. Gamme en *fa* dans les deux modes. 61, 94. — Ton de *fa* dièse. 68, 53. — Ton de *fa* lié ou ton d'*ut.* 141. — Accords propres au ton de *fa* majeur, 146. tableau. — Idem de *fa* mineur. 156. tableau. — Accord où l'on rencontre le *fa*, 151. tableau. — *Fa* sur *si* forme 5ᵗᵉ diminuée seule exception pour les notes naturelles, 134. — *Fa* sur *si* bémol, ou *fa* dièse sur *si* forme quinte juste, 136.

Face. Diverses positions des accords, ils ont autant de faces que de notes, 142, 146 156. tableaux. — Face directe, face renversée, 145, 146.

Faible. Temps faible, 20, N° 40.

Fanfare, 4, 6.

Fausset. Voix sortant de son diapason, 11, N° 25.

Faux. Son faux, 6.

Final. Point final. 25. — Accord final. 138.

Fleurtis. Voyez *doubles.*

Force. Son effet 6. — Termes de force, 37, 38.

Fort. Temps fort. 20. N° 40.

Forté, fortissimo. Terme de force, 37.

Frappé. Temps frappé, 20, N° 40.

Gamme. Majeure réduite à sa plus simple expression. — Définition, 46, 47, origine du mot *gamme.* 48.

Gamme. Accords que portent les dégrés de la gamme en mode majeur, 140 à 142. — Idem, en mode mineur, 152 à 155.

Gamme. Chiffrée, 120, 125.

Gamme. Chromatique, 102.

le mode majeur, sont majeurs ou justes, 120, 121, 122. — Règle importante et sans exception pour reconnaître les intervalles majeurs et mineurs, 120, N° 193.

Intonation. Manière d'entonner avec justesse, les sons propres et communs à chaque espèce de gamme et d'accord. Voyez *entonner*.

Juste. Dénomination d'intervalle, applicable à la 4ᵗᵉ et à la 5ᵗᵉ, 120 à 123. — Règle pour reconnaître les intervalles justes, 135, 136.

La. Gamme en *la* dans les deux modes, 51, 77. — De *la* bémol 60, 63. — Le Ton de *la* contient une section du ton de *ré* et du ton de *mi*, 51. — Accords propres au ton de *la* majeur, 146, tableau. — Idem. de *la* mineur, 156, tableau. — Accords où l'on rencontre la note *la*, 151, tableau.

Largo. Larghetto. Terme de mouvement, 34.

Lento. Voyez *Largo.*

Liaison. Union de plusieurs notes semblables, 27, 28. — Liaison de tons, 141, N° 217.

Ligne. Portée, 6. — Lignes additionnelles, 7. — Lignes où se placent les diverses clefs, 9 à 11.

Ligne. Traversant le chiffre, marque l'intervalle diminué, 132.

Maestoso. Terme d'expression, 39.

Majeur. Mode majeur, 78, N° 125. — Tierce majeure, 77. — Intervalles majeurs. 120 à 123, 126 à 131. — Gammes majeures, 44 à 76. — Accords dérivant du mode majeur, 142, tableau. — Manière de passer du majeur au mineur, 95 à 97. — Tons rélatifs majeurs, 97 à 99.

Marcando, morendo. Modifications de force, 38.

Martellé. Sons martellés, voyez *roulade.*

Médiante. Origine de ce nom, 56, 57. — Tierce majeure ou mineure, elle constitue le mode, 78.

Mélodie. Air, 3. — Mélodie vocale et instrumentale, 4. — Analyse de la mélodie, 227 à 230.

Mesure. Divers battements de mesure, 19. — Diverses espèces de mesure, 20 à 22. — Silences de mesure, 23. — Division de mesure en temps, 18, 23, N° 45. — Rapport irréguliers dans la notation des mesures, 24.

Mesuré. Voyez *à-tempo.*

Mezzo-voce, mezzo-forte. Modifications de force, 37.

Mezzo-soprano. Voyez *contr'alto.*

Mi. Gamme en *mi* dans les deux modes, 52, 81. — Ton de *mi*, de *mi* bémol, 60, 62 — Le ton de *mi*, contient une section du ton de *la* et du ton de *si*, 52. — Accords propres ou ton de *mi* majeur, 142, tableau. — Idem. de *mi* mineur, 156, tableau. — Accords contenant la note *mi*, 151, tableau.

Mineur. Tierce mineure, 77, 78. — Mode mineur, 77, 24. — Intervalles mineurs, 123, 26 à 131. — Gammes mineures, 77 à 95. — Accords dérivant du mode mineur, 156 tableau. — Manière de passer du mineur au majeur, 95 à 97. — Tons rélatifs mineurs, 97 à 99.

Mobile. Chevalet mobile du monocorde, 113, 117, N° 190.

Mode. Manière de former chaque espèce de gamme voyez, *majeur, mineur.*

Modulation. Action de moduler, 99, 190.

Monocorde, 113. — Son utilité pour accorder les instruments à clavier, 117.

Mordant. Espèce de *trille*, 31, 32.

Motifs. Sur lesquels sont fondées les règles pour reconnaître les accords de septième, 147, à 149.

Mouvement. Dégré de vitesse, voyez *mesure.* — Termes de mouvement, 33 à 36.

Mouvement. Mouvement des accords, 190 à 203. Voyez *accords.*

Musicien. Celui qui compose de la musique ou l'exécute. Observations importante, dont les musiciens doivent bien se pénétrer, 4, 52, 4, N° 69, 56, N° 91, 66, N° 111, 76, IV, 80, 88, 90, 95, 103, 104, à 112, 126 à 136, 149 à 151, 156, 190 à 230.

Musique. Définition, 3. — Division, 4, 5. — Eléments d'intervalles qu'elle comprend, 3, 41, 42, 43, 227.

Musique instrumentale. Voyez *clef.*

Mutation. Définition. — Mutations des accords, 207 à 226. — Mutation diatonique des accords à 3 notes, 207 à 212. — Mutation chromatique. — Idem. 218 à 215. — Mutation diatonique des accords à quatre notes, 215 à 220. — Mutation chromatique, idem. 220 à 224. — Mutation enharmonique, 224 à 226.

Naturel. Notes naturelles, 7, 9. — Gamme naturelle, 47.

Neuvième. Accords de 9me. Voyez ce mot et *accords à 5 notes.*

Neuf de huit, neuf de quatre. Mesure, 22.

Nœuds. Points immobiles de la corde sonore, 113.

Noire. Nom de notes, 13.

Non-troppo. Modification de mouvement, 35.

Note. Définition, 6. — Forme et valeur des notes, 13. — Place des notes, 8, 9. — Manière de les apprendre facilement, 7, 8. — Noms de dégré et noms harmoniques des notes, 56, 57. — La même note employée dans divers accords, 152, tableau.

Notes piquées. 27, 28.

Notes pointées. 15, 16.

Note sensible. Origine de ce nom, 57. — La 1re section comme la seconde, d'une gamme majeure, a une note que l'on doit considérer comme sensible d'un ton lié ou ton principal, 46, 47, 99, N° 465. — Dans les tons naturels ou sans bémols la note sensible est un dièse, et dans les tons avec bémols, la note sensible est une note naturelle 76, IV, 95, IV.

Note de goût. Voyez *agréments.*

Nourrir les sons. Leur donner du timbre, les soutenir durant leur valeur, 6, N° 9, 12, N° 28.

Octave. 7, 116, 118. — La 7me augmentée ne se note pas, elle formerait l'octave 132. — L'octave sur le 2e dégré, donne la 7mo mineure, 143, V, 196, N° 275.

Oreille. L'oreille doit percevoir l'intonation propre et commune à chaque espéce de gamme et d'accord, 42. N° 69.

Origine des accords, 136 à 140.

Parfait. Voyez *accord parfait.*

Paroles. Voyez *roulade.*

Partie. De voix, d'instrument, mélodie séparée, 10 à 12, voyez aussi *basse. Basse fondamentale.*

Pathétique. Triste. voyez *roulade.*

Pause, demi-pause. Silence de mesure. 23.

Phrase. Phrase musicale, 18, 228.

Piano. pianissimo. Terme de force. 37.

Piqué. Notes piquées, 27, 28.

Pizzicato. 28, 3°.

Point-d'orgue. Voyez *couronne.*

Pointé. Notes pointées, 14, 15. — Silences pointées, 17, N° 34

Portée. Ligne de musique, 6, 7.

Positions. Faces des accords, 145, 146. — Positions directes, positions renversées des accords. Voyez *face.*

Pratique. Musique pratique, 4, 42, N° 69.

Préparation. Mouvement de l'accord de 7me mineure, 196 à 198. — Mouvement de l'accord de 7me majeure, 198 à 200.

Presto. Terme de mouvement, 34, 5°.

Progression. Diatonique, voyez *gamme naturelle* et 48.

Prolongation. De l'octave, 142. V. Voyez *préparation.*

Quadruple-croche. Voyez *croche.*

Quantité. Voyez *analyse rhythmique.*

Quart de soupir. Silence de double-croche, 16, 17.

Quarte. Intervalle, 120. — Quarte juste, quarte augmentée, 122, 123, 131, 132. — Règle pour reconnaître ces intervalles, 133 à 136. — Des raisons qui paraissent fondées, portent à croire qu'on ne peut considérer la 4te diminuée comme un intervalle admissible enharmonie régulière.

Quinte. Intervalle, 120. — Quinte juste, diminuée, augmentée, 122, 113, 131, 132. Règles pour reconnaître ces intervalles, 133 à 136.

Rallentendo. Modification de mouvement, 36.

Rapports. Rapports entre les gammes majeurs et mineurs, 96 à 100. — Rapports entre les gammes avec dièses et celles avec bémols, 75, 76. IV, 94, 95, IV. — Rapports entre les accords avec dièses et ceux avec bémols, 143, IV, 156, I.

Ré. Gamme en *ré* dans les deux modes, 51, 85, 98. — Ton de *ré* bémol 59, 63. — Le ton de *ré* contient une section du ton de *sol* et du ton de *la*, 50, 51. — Accords propres au ton de *ré* majeur, 142, tableau. — Idem. de *ré* mineur, 156, tableau. — Accords contenant la note *ré*, 151.

Régles. Règles pour reconnaître les intervalles, voyez ce mot. — Idem. pour reconnaître les gammes, voyez *rapports.* — Idem, pour reconnaître les différents accords de 7me. Voyez *accords de 7me.*

Renversements. Renversements des intervalles, 122, 123, 126 à 136. — Renversements des accords, 145 à 148, 156, 158 à 187.

Renvoi. Signes de renvoi, 26, N° 51.

Repos. Point de repos, 25. — Accord de repos, accord final, 138, 190, N° 169.

Reprise. Signes de reprise, 26 N° 50.

Rhythme. Voyez *mesure* et *analyse rhythmique.*

Rinforzendo. Modification de force, 38.

Ronde. Nom de note, 15.

Roulade. Agrément, 30, 31.

Seconde. Intervalle, 121, 122, 123, 126 à 128, 131 à 134. — Accord de seconde ou 3me renversement des accords de septième, 170, 174, 178, 128, 186.

Section. Les gammes majeures sont toutes divisibles en deux section égales, 46, 47, 49 à 66.

Sensible. Voyez *note sensible.*

Septième. Intervalle mineur majeur ou diminué. Voyez *seconde.* — *Accords de 7me.*

voyez ce mot.—Accords où la 7ᵐᵉ est à la basse, voyez 3ᵐᵉ *renversement* des accords de 7ᵐᵉ.

Si. Gammes en *si* dans les deux modes, 52, 81, 98. — Ton de *si* bémol 60, 62. — Le ton de *si* contient une section du ton de *mi* et du ton de *fa* dièse, 52, 53. — Accord propres au ton de si majeur, 142, tableau. — Idem. au ton de *si* mineur, 156, tableau — Accords contenant la note *si*, 151, tableau.

Signes. Les divers caractères de musique, voyez tout le chapitre premier. — Signes d'intervalles, voyez *chiffres*, le nombre de signes d'une gamme avec dièses, et ceux de la même gamme bémolisée, s'élévent toujours ensemble à *sept*, 76, IV, 95, IV. — Les nombre des signes des gammes homologues s'élèvent toujours ensemble à *douze*, 73, 92.

Silences. Silences correspondant aux notes, 17. — Idem. correspondant aux mesures, 23.

Six de huit, six de quatre. Mesures, 20, 22.

Sixte. Intervalle, mineur, majeur ou augmenté, 120 à 124, 128 à 131, 232, 134 135. — Accords de sixte. 168, 169, 172, 176, 180, 181, 184. — Accord de sixte augmentée, 187.

Sol. Gammes en *sol* dans les deux modes, 50, 86, 98. — Ton de *sol* dièse, de *sol* bémol, 59, 54, 63. — Le ton de *sol* contient une section du ton d'*ut* et du ton de *ré*, 49 à 51. — Accords propres au ton de *sol* majeur, 142 tableau. — Idem. au ton de *sol* mineur, 156, tableau. — Accords contenant la note *sol*, 151, tableau.

Solfège, solfier. 24. Nº 69, 43, 106, Nº 175, 107 à 112, 128.

Son. Vibrations d'un corps sonore, 5. — Son faux, 6, voyez *appréciable*. — Gamme, en différents tons, représentant les mêmes sons, voyez *gammes homologues*.

Son fondamental. Voyez *fondamental*.

Sons harmoniques. Voyez *harmonique*.

Sonore. Voyez *corde sonore*.

Soprano. Espèce de voix, soprano primo, idem secondo, voyez *dessus*.

Sotto-voce. Terme de force, 37.

Soupir. Silence de *noire*, 16.

Sous-dominante. Note qui suit la médiante ou 4ᵗᵉ de gamme, 56, 57.

Staccato. Articulation de sons, 78.

Sustenuto. Terme de force et de durée, 38.

Symphonie. 4.

Syncope. Union de notes, son effet, 28.

Table. Des douze demi-tons tempérés, 118.

Tableau. Tableau des gammes majeures dans tous les tons, 74. — Idem. des gammes mineures, 93. — Idem. des gammes homologues majeures et mineures, 72, 91. — Des gammes relatives, mineures et majeures, 98. — Idem. des intervalles sur tous les dégrés, 123. — Idem. des accords directs et renversés dérivant du mode majeur, 140, 146. — Idem. des accords dérivant du mode mineur, 56. — Idem. de divers accords qui contiennent la même note, 151.

Taille ou *ténor*, 10. — *Basse-taille* ou *bariton*, 9.

Tempérament. Altération légère et insensible des intervalles, 113, 118.

Temps. Temps de mesure, 18, 19. — Temps fort, temps faible, 20.

Tendrement. Voyez *amoroso*.

Tenor. Voyez *taille*.

FIN.